Walter Machtemes

Besonnen leben

© Walter Machtemes, Oberhausen 2016
Alle Rechte vorbehalten
Cover: Sandra Plewinski
Herstellung und Verlag: BoD - Books on Demand,
Norderstedt.
ISBN: 9783743114791

Inhalt

Vorwort(e) 5

Wahres und Unwahres 15

Positionen 49

Sinn und Zweck 81

Bilder der Wirklichkeit 115

Erkenntnisse 147

Glaubensfragen 179

Alltagsbewusstsein 209

Gutes und Böses 239

Lebenshaltungen 269

Gerecht leben 301

Entäußerung(en) 333

Ich - Wer ist das? 365

Nachwort(e) 397

Über den Autor: 403

Gezeiten Haus Ideologie 404

Vorwort(e)

Der fragende Mensch

Eines der unterscheidend menschlichen Wesensmerkmale ist die Fähigkeit zu fragen.

Das Kleinkind erwacht mit seinen ersten Fragen zum wissenden Leben.

Der Schüler erschließt sich durch Fragen den Bildungshorizont seiner Lebensgemeinschaft.

Der Fremde orientiert sich fragend in einer ihm noch unbekannten Welt.

Der Zweifelnde hinterfragt und will Fragwürdiges klären.

Der Sinnsucher strukturiert nach der Welt und nach sich selbst fragend, seine Selbst- und Lebensentwürfe.

Der über sich hinausdenkende und sich über Grenzen hinaus entwerfende Mensch fragt nach dem Ursprünglichen und nach dem Absoluten.

Fragen sind wichtiger als Antworten, dies wusste schon Sokrates. Er verstand es meisterhaft, suggestiv zu fragen und seinen Gesprächspartnern auf seine Weise deutlich zu machen, dass sie selbst Wissende sind.

Ohne Fragen bleibt der Alltag leer und verkümmert zur bloßen Lebensroutine.

Ohne Fragen erstarrt das Leben zur verordneten und zur blind akzeptierten Ideologie.

Ohne Fragen behält der Mensch nur eine überwiegende biologische Funktion.

Auch der erwachsene Mensch darf in jeder Hinsicht und in jedem Zusammenhang wie das Kind Fragen stellen, Fragen nach dem Warum, nach dem Wie und Wann, schließlich nach dem Wesen und der Bedeutung der Dinge.

Darum frage und werde ein weiser Mensch. Weise zu werden ist eine der Begründungen und eines der Hauptziele des philosophierenden Menschen.

Ein Wissender zu werden, ist die Absicht des Wissenschaftlers.

Besonnenheit

Die Besonnenheit (griechisch: sophrosyne) wurde von Sokrates, dem griechischen Urvater des praktisch-philosophischen Diskurses, zu einer der Kardinaltugenden des denkenden und sich dialogisch positionierenden Menschen erklärt.

Der Mensch erblickt als Mängelwesen das Licht der Welt, hilflos und grundlegend angewiesen auf Richtungslenkungen aus seinem unmittelbaren sozialen Umfeld und aus der Lebensgemeinschaft seiner Epoche.

Eine gelungene frühe Biografie bringt den sich selbst reflektierenden und nicht den fertigen Menschen hervor. Gefragt ist der aktive, kommunikative und der sich der Wahrheit der Anderen aussetzende Mensch. Der passive Mensch gibt lediglich Wissen wider, das ihm übermittelt wurde. Er akzeptiert unhinterfragt das verfasste Gedankengut des jeweiligen Kollektivs.

Der besonnene Mensch erlebt sich und die Welt gelassen und heiter.

Der besonnene Mensch strebt die stets sich der Wirklichkeit aussetzende Erkenntnis an.

Er präsentiert sich nicht als geachteter Weiser sondern als intelligenter Gesprächspartner, der über die offene oder über die suggestive Ansprache zum Denken und zum Überdenken anregt.

Der Besonnene übernimmt die Rolle des Geburtshelfers für den nach Orientierung und nach Sinn Suchenden.

Er öffnet Sinne und Sinnkategorien über die gemeinsame Besinnung.

Besonnenheit zeichnet den Menschen aus, der sich selbst, den Alltag und die Welt zur Disposition stellt.

Darum wage es, besonnen zu leben!

Die Akteure

Auf den folgenden Seiten werden nur zwei Rollen besetzt. Lediglich zwei Akteure entwerfen und spielen ein Weisheits- und Wissensspiel.

Der Suchende fragt, der Besonnene antwortet. Gemeint ist der Mensch in seiner ihm eigenen jeweiligen Lebenssituation. Deshalb wollen wir in der Anrede nicht Männliches und Weibliches differenzieren.

Die Rollen dürfen nach je eigenem Ermessen des Lesers/der Leserin immer wieder getauscht werden. Fragen fordern Antworten, Antworten implizieren neue Fragen. Beide Positionen stehen jedem Beteiligten offen.

Die Akteure kreieren im Austausch ihr Verständnis von Wahrheit und Wirklichkeit. Sie liefern den Stoff für Lehrtexte. Lehrtexte und Lehrbücher haben dann einen grundlegenden Wert, wenn sie anregen. An-Regung ist hier wörtlich zu verstehen: auch der Fragende darf zum Wissenden avancieren und seinerseits nachdenklich stimmen, das heißt, er darf zum Sinnieren auffordern.

Gescheite Fragen erschließen nicht selten bisher Unbedachtes.

Die Antwort des Besonnenen darf wiederum in eine/r Frage aufgehen. Der Besonnene weiß nicht. Er „erarbeitet" zusammen mit dem Fragenden Wissens- und Lebensfreude.

Es ergibt sich dann kein Ungleichgewicht zwischen Lehrer und Schüler. Beide regen einander wesentlich an, sich mit dem Anderen und mit sich selbst auseinanderzusetzen.

Der Erkenntnisgewinn resultiert aus einem intellektuellen Frage- und Antwort-Spiel.

Fühle dich daher durch den Suchenden immer auch selbst zur Besinnung herausgefordert. Setze dich durchaus kritisch und vielleicht skeptisch mit den Antworten des Besonnenen auseinander.

Wage es auch, zu widersprechen und eigenen Antworten zu formulieren.

Worüber wir reden wollen

Der Fragende akzeptiert keine Grenzen.

Was nicht erfragt werden darf erzeugt Misstrauen.

Der Fragende darf nicht immer und in jeder Hinsicht erfüllende Antworten erwarten. Er sollte sobald er sich herausgefordert fühlt, die Rolle des Besonnenen selbst übernehmen:

„Ich frage mich, dich, die Anderen .., wie, ob, warum ··· "

Wir wollen daher den generellen Dialog aufnehmen, Phänomene reflektieren, für die Menschen schon seit Urzeiten Erklärungen suchen, vielleicht aber auch erst ausgelöst und bedingt durch entfremdende Entwicklungen in der Welt der Moderne.

Wir wollen nachdenken über das Leben und über die Welt, Menschliches und Übermenschliches, Alltägliches und Besonderes, über uns selbst und über das Selbst.

In den einzelnen Abschnitten fragen wir nach Wahrem und Unwahrem, nach Sinn und Zweck, Positionen und Negationen. Wir reflektieren Lebenshaltungen und Glaubensfragen, hinterfragen Erkenntnisse, Ideale und ethische Prinzipien.

Schließlich erwarten wir Antworten, die uns in die Lage versetzen, eigene Bilder des Wirklichen zu entwerfen, ein Alltagsbewusstsein aufzubauen, uns authentisch zu „entäußern " und ein eigenes Ich zu konstituieren.

Vielleicht wollen wir aber einfach nur erschließend und auffordernd im fiktiven Dialog mit dir/euch reden. Die Themen magst du / mögt ihr später weitergehend selbst bestimmen, wenn ihr die Rollen der beiden Akteure übernehmen wollt.

Wahres

und

Unwahres

Stichwort: Verbindungen

Der Suchende fragt:

Wie kann es gelingen, aus Millionen von Sinn-Orientierungs-Angeboten ein persönliches Lebenskonzept zu entwickeln?

Ich erlebe mich häufig hilflos und ratlos.

Ich fühle mich ins Leben geworfen, ohne dass mir eine Richtung vorgegeben wird.

Ich soll mich bedienen und mich zwischen den Angeboten der verschiedensten Ideologien und Ideologen, wohlgemeinten Ratschlägen und Instruktionen entscheiden.

Wo und wie finde ich mein Konzept?

Der Besonnene antwortet:

Nimm dir die folgende Aufgabe vor, ohne deine Ratlosigkeit vorzuzeigen:

Stelle dir einen immensen Baukasten mit Bauklötzen vor, die ausnahmslos Kugelform besitzen. Versuche aus diesen Bauelementen einen Turm zu konstruieren. Du erachtest diese Aufgabe als unlösbar?

Es gibt für deine Kreativität viele Lösungswege.

Nimm einen Hohlzylinder, der den Kugeln äußeren Halt gibt.

Suche Verbindungsstücke, mit denen du die Kugeln zusammenfügen kannst.

Was fällt dir noch ein?

Lebenssinn und Lebenskonzept finden heißt, Verbindungsarbeit zu leisten mit/zwischen den vielen Steinen des Lebensbaukastens, vielleicht auch nach äußeren Stützen zu suchen.

Du selbst bleibst der Baumeister!

Stichwort: Maßstäbe

Der Suchende fragt:

Ist es möglich, an das Leben der Menschen Maßstäbe anzulegen?

Wie ist es zu rechtfertigen, dass Noten für Verhalten und Handlungsergebnisse vergeben werden?

Dürfen wir besseres von schlechterem Leben auf diese Weise unterscheiden?

Lassen sich Konkurrenz, Rivalisierung, Machtkämpfe und Hierarchien vermeiden, wenn wir aufhören uns und unsere Leistungen zu messen?

Der Besonnene antwortet:

Wie häufig wird der messende zum vermessenden Menschen!

Wir überschätzen unsere Fähigkeiten und (Selbst) Kontrollmöglichkeiten.

Wir glauben über Berechnungen und logische Schlussfolgerungen die Welt und uns selbst beherrschen zu können.

Wir schulen uns in Leistungsverhalten und Leistungsvergleichen. Der eine will besser als der andere sein.

Den Menschen kann man nur in der oberflächlichen Betrachtung vermessen. Seine Eigentlichkeit ist unermesslich, ähnlich wie die Farben und Entfaltungen der Natur.

Darum hüte dich vor übersteigerten Messoperationen!

Stichwort: Stoische Ruhe

Der Suchende fragt:

Wie kann ich scheinbar Unveränderbares besser annehmen und ertragen?

Wie kann ich meinen Alltag weniger mit Sorgen beladen?

Wie gelingt es mir, seltener mit dem Schicksal zu hadern?

Kann ich Gleichgültigkeit erreichen ohne abgestumpft und träge zu leben?

Kann ich eine praktische Lebensweise erlernen, die mir die Akzeptanz erleichtert?

Der Besonnene antwortet:

„Die Ursache des Schmerzes ist nicht er selbst, sondern wie wir ihn wahrnehmen ".

Diese Auffassung und Haltung Marc Aurels macht deutlich: Auch wenn wir das Leben und die Welt nicht kontrollieren und nach unserem Willen steuern können, so doch unsere Zuordnung von Aufmerksamkeit und Deutungsgehalten.

Du kannst den Regen als verregnete Freizeitvergnügungen wahrnehmen, aber auch als ein das Leben ermöglichendes Geschenk. Du wirst ihn erdulden und ertragen und mit der jeweiligen Interpretationsaufgabe wachsen und deine Affekte zügeln.

Alles in allem wirst du über die Änderung der Wahrnehmungsrichtung die stoische Ruhe erreichen können.

Stichwort: Wahrheiten:

Der Suchende fragt:

Die Menschen verwirren mich mit ihren vielen, oft gegensätzlichen Antworten auf meine Fragen.

Ich lasse mich von Meinungen, Weisungen, Ratschlägen und Lehren in unterschiedliche Richtungen schicken und stelle oft fest, dass ich falsche Wege gewählt habe und gegangen bin.

Wer weist mir die wahre Lebensrichtung auf?

Wo und wie erfahre ich Wahrheit?

Der Besonnene antwortet:

Verabschiede dich von deiner Erwartung, die Wahrheit zu finden. Sie gleicht dem Gramm Gold, das du aus Tausenden von Sandkörnern heraussieben musst, das du dann gegen Diebe verteidigen und nicht selten auch wieder hergeben musst. Bleibe aber wie die anderen Menschen ein Wahrheits-Suchender. Du wirst dann statt auf die kaum erreichbare eine Wahrheit auf viele Wahrheiten stoßen und sie mit den Suchenden reflektieren und diskutieren.

Wahrheiten werden gemeinsam ermittelt und festgelegt. Sie besitzen nur für begrenzte Zeiträume Gültigkeit. Du wirst jedoch in der sinnlichen Auseinandersetzung mit den Wahrheiten des Lebens dein geistiges Glück erfahren.

Du wirst häufiger erfreut feststellen können: Ich habe eine Wahrheit gefunden!

Stichwort: Mystik

Der Suchende fragt:

Mich blenden die unabsehbar vielen Lichter unserer beleuchteten und bis in jeden Winkel ausgeleuchteten Tage.

Die optischen Eindrücke kann ich kaum mehr verarbeiten.

Manchmal fühle ich mich wie ein Blinder, dem die Sehkraft geschenkt wird. Der hat nie gelernt, sich sehend zu orientieren. Er wird seine Augen sofort wieder schließen wollen, um nicht in der Fülle der ungewohnten Signale zu ertrinken.

Könnte es auch für mich wichtig sein, häufiger die Augen zu schließen?

Der Besonnene antwortet:

Du würdest dich mit diesem Entschluss auf den Erfahrungsweg der Mystiker begeben.

Um zum Wesentlichen zu gelangen, zum Zentrum deines Selbst und deiner inneren Erfahrung, musst du deine Augen schließen, die dominierende optische Wahrnehmung vorübergehend ausschalten. Nur so wirst du die verdrängten Ebenen deines sinnlichen Lebens erreichen und viel intensiver, qualitativ reicher und voller emotional besetzter Erfahrungen in der Tiefe deiner Selbst letztlich in der Welt sein.

Darum erlaube dir häufiger, die Augen zu schließen!

Stichwort: Irrlehren

Der Suchende fragt:

Regelmäßig treffe ich in meinen Alltagen Lehrer, die mir verdeutlichen wollen, was ich glauben und wissen sollte. Sie sind überzeugt, die wahre Lehre zu übermitteln, schließen sich in Gemeinschaften und Bündnissen zur Wahrung und Verteidigung ihrer Lehre zusammen.

Wie kann ich wahre Lehren von Irrlehren unterscheiden?

Kann es mir gelingen, selbst meine Lebenslehre zu finden oder werde ich Schüler der vermittelten Lehre sein müssen?

Der Besonnene antwortet:

Es gibt keine wahren Lehren genauso wenig wie irre Lehren per se existieren. Um unterscheidend zu urteilen und eindeutig zuzuordnen, müssten wir allgemeingültige Wahrheiten erkennen. Erst dann wird die Bewertung „richtig oder falsch" möglich sein. Die Verurteilung von Irrlehren verrät oft die Haltung der Dogmatiker und der Hüter ihrer Wahrheiten. Sie lassen keine Alternative zu.

Daher wage so häufig wie möglich zu zweifeln und eigene Lehren zu entwickeln, denn irren ist menschlich.

Stichwort: Nihilismus

Der Suchende fragt:

Mich holt immer wieder eine skeptische und selbstvernichtende Grundstimmung ein.

Ich muss mir in solchen Momenten eingestehen, dass ich nicht mehr mit mir anzufangen wusste, als mein Leben abzuleben. „Wieder einmal einen Tag gut hinter mich gebracht". So intensiv ich auch forschen und analysieren mag, ich finde keine heilsversprechenden Selbstaufgaben.

Das grundlegende Phänomen des Lebens scheint die vernichtende Unbestimmtheit zu sein.

Wie entgehe ich diesem deprimierenden Nihilismus?

Der Besonnene antwortet:

Bewerte zunächst durchaus positiv, dass du immer wieder die Selbstzerstörung erlebst. Du solltest sie sogar suchen! Denn die bebaute Fläche ist nicht mehr für Neuplanungen nutzbar. Reiße daher Gewohntes ein und schaffe damit Raum für Neues. Die Ergebnisse deiner Tage scheinen dir zu zeigen, dass dein Sinngebäude leergezogen ist und unbewohnbar geworden ist.

Die Vernichtung ist als Akt deiner Handlung nicht mit dem Nichts gleichzusetzen, sondern eher mit deiner Möglichkeit.

Erlebe die Freiheit des Destruktiven, genieße deine ungeahnten Freiräume für deine eigen gestellten Selbstaufgaben!

Stichwort: Einflussnahmen

Der Suchende fragt:

Ich beschäftige mich mit dem Satz eines für die geistige Entwicklung des Abendlandes bedeutenden Philosophen: „Außer unseren Gedanken steht nichts vollständig in unserer Gewalt " (René Descartes).

Ich bin desillusioniert. Sollte mir wirklich nichts anderes erlaubt sein als zu denken?

Muss ich ansonsten in jeder Hinsicht die Einflussnahme und Übersteuerung durch andere hinnehmen?

Ich verzweifele noch weitergehend: Sind es überhaupt meine Gedanken, die ich denke oder erlebe ich mich auch als denkender Mensch lediglich als Widerspiegelung?

Der Besonnene antwortet:

Ändere zunächst deine Bewertungen:

Erlebe deine innere Freiheit, denn deine Gedanken sind frei, auch wenn du in äußerer und innerer Freiheit leben solltest.

Konstruiere dich und die Welt wie Descartes rational selbst.

Erfahre denkend, dass es dich gibt und dass alles was du rational annehmen kannst auch zu einem wichtigen Bestandteil deines Selbst- und Weltentwurfes heranreifen kann.

Verwirf auch abstruse Gedanken nicht zu früh. Deute sie häufiger als „zündende Ideen"!

Stichwort: Teil des Ganzen

Der Suchende fragt:

Ich möchte nicht als „existenzieller Single " mein Leben verbringen. Ich möchte dazu gehören. Das Außenseiterdasein bedroht mich mit sozialer und seelischer Isolation.

Ich möchte mich mitteilen können und will verstanden werden.

Ich möchte mit den anderen feiern, singen, lachen, in die Nächte hinein tanzen.

Ich möchte im schützenden Umkreis der Menschen einschlafen und aufwachen.

Auch in meinen Sinnentwürfen und Sinnantworten will ich keine existenzielle Einsamkeit.

Ich suche Zusammenhangs- und Rückbindungserfahrungen.

Wie kann ich das Glück finden, mich aufgehoben zu wissen und zu fühlen?

Der Besonnene antwortet:

Dein Leben ist immer nur ein Teil oder besser gesagt, ein anteiliges Leben. Du nimmst biologisch, geistig und seelisch an dir vor- und übergeordneten Prozessen teil. Dein gesamtes Funktionieren zeigt dir die wunderbare Programmierung eines komplexen und doch für dich einzeln ausgestalteten Systems. Du bist von deiner Idee, die in dir waltet, von der Energie, die in dir arbeitet und von den in dir angelegten Zielen her betrachtet, immer Teil des Ganzen. Dieses „Ganze" wird sich dir aber selten zeigen. Es bleibt dir aufgegeben, herauszufinden, welches Ganze dir dein Dasein aufgibt und mitteilt.

Stichwort: Daseinszauber

Der Suchende fragt:

Als Kind liebte ich es, Zirkusvorstellungen zu besuchen.

Auch heute löst die Welt der Gaukler, Clowns und Artisten in mir noch grundlegende Anziehungskräfte aus. Die Leichtigkeit und Bewegungseleganz der Seiltänzer fasziniert mich. Sie weist aber auch gleichzeitig auf das Lebensrisiko und -wagnis hin. Die Naivität des herumalbernden Clowns erweckt kindliche Freude und Bedürfnisse in mir. Die meiste Achtung schenke ich aber den Zauberern, die mit ihren Tricks immer wieder erstaunen und verblüffen können. Wie kann ich den Lebenszauberkünstler in mir finden und ausbilden?

Der Besonnene antwortet:

Du weißt, dass auch die Zauberkünstler der Zirkuswelt keine übersinnlichen Fähigkeiten besitzen. Sie verstehen es, mit Illusionen zu arbeiten, die Wahrnehmung der Zuschauer zu lenken und zu täuschen. Dies sollte auch im Prinzip dein Weg sein, wenn du den Zauber für dein Leben suchst und erleben möchtest.

Nutze die illusionären Verkennungen.

Baue dir über die veränderte Wahrnehmung deine eigene Zauberwelt auf.

Lasse die Vögel für dich singen und Kapriolen drehen.

Lasse die Gestirne sprechen und dir Beziehungsangebote unterbreiten.

Du wirst das kindliche Staunen nicht verlernen, wenn du zauberst!

Stichwort: Grenzenlosigkeit

Der Suchende fragt:

Ich möchte wissen, wo und wann ich beginne und wo ich aufhöre.

Womit, wirst du fragen.

Mit mir möchte ich präzisieren, nicht lediglich mit irgendeiner Aufgabe.

Warum soll mein Leben erst mit meiner Geburt als das Meinige registriert werden, warum nicht schon im Leib meiner Mutter?

Bin ich nicht auch schon in der unzähligen Vielfalt meiner Möglichkeiten in Samen und Eizellen meiner Eltern angelegt?

Geht meine Lebensenergie und damit mein wichtigstes Überlebensfeuer mit dem Absterben meines Körpers verloren?

Oder wo und wie existiert die Dynamik weiter, die mein Herz, meine Atmung und alle meine Organe antrieb?

Wo und wann soll ich meinen Anfang setzen, wo und wann mein Ende?

Der Besonnene antwortet:

Du wirst erfahren, dass du mit deiner Existenz für eine begrenzte Zeit eine individuelle Form und Gestalt einnimmst, die du über deine Jahre zu erhalten versuchst, um dich abzugrenzen und dich als Einzelmenschen zu erkennen.

Im Grundgehalt deines Menschseins bist du „Baustoff", der ebenso wie Raum, Zeit und Materie in nicht eingrenzbarer Fülle zur Verfügung steht. Nur für dein vorübergehendes Selbstgebäude bist du räumlich und zeitlich eingrenzbar. Gibt deinem abgezäunten Selbstkonstrukt weniger Bedeutung. Erfahre dann die Freiheiten deiner Welt ohne Grenzen. Im Kern deines Selbst hast du weder einen Anfang noch ein Ende.

Stichwort: Fernsicht

Der Suchende fragt:

„Von einem erfüllenden Leben bin ich weit entfernt ", hörte ich kürzlich einen Kollegen sagen.

Er besitzt nahezu alles, was man sich für einen solchen Lebensstatus vorstellen mag. Vielleicht ist er gerade nicht weit genug entfernt. Seine Aufgaben zwingen ihn nicht, seine Heimat und seinen gewohnten Alltag zurück zulassen. Keine Krankheit oder Leiderfahrung verbietet ihm das übliche Leben und präsentiert ihm das nicht mehr Mögliche.

Ich stelle mir vor, wie es mir ginge, wenn ich Geliebte und Geliebtes hergeben müsste und das an mir selbst Geliebte. Sollte ich das verlassen und die Entfernung einüben, da ich dieser Herausforderung letztlich nicht werde ausweichen können?

Der Besonnene antwortet:

Es gibt zwei große Lebensthemen die du angehen wirst, wenn du die Entfernung wertschätzen und anstreben wirst.

Du wirst, wann auch immer, leichter lassen und zulassen können, weil du andere Werte erfahren und in deinen Lebensplan aufgenommen hast. Denn aus der Entfernung siehst du besser und umfassender.

Du wirst aus der Entfernung eher das Wertvolle und die Größe des Lebensgeschenks wahrnehmen und begreifen können.

Denn merke: Das Majestätische des Berges lässt sich nicht von seiner Spitze, sondern nur von den Tälern aus erfahren.

Stichwort: Wissen ist Macht

Der Suchende fragt:

Ich erinnere mich an eines der zentralen Ziele der Arbeiterbewegung des 19. und des beginnenden 20. Jahrhunderts:

Fördere die Bildung der Massen!

Ich selbst habe diese Forderung immer ernst genommen. Wissen ermöglicht Teilhabe. Echte Demokratie braucht den gebildeten Bürger, sonst entartet sie zu Pöbelherrschaft.

Ich will wissen, worüber ich entscheiden soll, aber auch wen ich für geeignet halte, für mich zu entscheiden.

Schafft mir mein Wissen tatsächlich Wahlmöglichkeiten oder muss ich mich - freilich auf höherem Bildungsniveau - weiterhin abhängig und ausgeliefert sehen in einer Pseudo-Demokratie?

Der Besonnene antwortet:

Du stellst eine politische Frage, die mir aber gleichzeitig eine zutiefst persönliche Ausrichtung zu haben scheint.

Du suchst nicht nur dein individuelles Wohlergehen sondern, dir sind die Teilhabe und die gemeinsame Aktion wichtig. Nicht nur dafür suchst und brauchst du Bildung. Denn auch diesen Satz kennen wir aus früheren Zeiten: „Wissen ist Macht". Wenn du nicht nur die politische Macht meinst, sondern deine eigene Reflexions- und Gestaltungsmacht, dann machst du dir deine soziale Selbstwerdung zum Bildungsziel.

Gib deshalb nie auf wissen zu wollen!

Stichwort: Matrix

Der Suchende fragt:

Heute Nacht wurde ich von Albträumen geplagt. Als ich erwachte sah ich mein zerwühltes, schweißnasses Bettzeug, Zeugnis eines offensichtlich lang andauernden nächtlichen Kampfes. Bruchstücke der Träume kann ich im Tagbewusstsein wiederfinden. Man hat mir meine Welt genommen. Ich wurde verurteilt, in einer von einem Computervirus gesteuerten Welt zu leben. Die anderen erlebte ich nur noch als Mitspieler vor riesigen Bildschirmen und Tastaturen. Ich suchte verzweifelt die reale Welt und konnte sie nicht mehr finden.

Sollte ich den Traum als Botschaft verstehen?

Der Besonnene antwortet:

In deinen Träumen verarbeitest du unbewältigte Anteile deiner erlebten Geschichte. Die Inhalte werden über deine Traumarbeit neu und oft verwirrend zusammengesetzt. Sie werden aber nie gänzlich erfunden. Wenn du Träume oder einzelne Traumszenen erinnerst, stellen sie Appelle für dich dar. Entschlüssle die Botschaften. Setze das im Schlaf Erlebte in Lebensaufträge um. Dir wird in der virtuellen Welt deine eigene Erlebniswelt genommen.

Wehre dich, indem du dich der infizierenden Matrix entgegen stellst. Mobilisiere deine Abwehrkräfte.

Das Traumszenario des Schreckens kannst du auflösen.

Stehe auf, ohne dein Bett zu machen, denn es erinnert dich an deine notwendigste Bestimmung: Finde und lebe deine Realität!

Stichwort: Lüge und Wahrheit

Der Suchende fragt:

Als Kinder spielten wir gerne „du lügst ", ein lustiges Kartenspiel. Jeder musste in einer vorgegebenen Reihenfolge eine Karte verdeckt auf einen Stapel legen und sie benennen. Sprach er die Wahrheit und dies wurde angezweifelt, musste der Zweifler alle Karten übernehmen. Wurde man als Lügner ertappt, war es umgekehrt. Eines war einfach: Durch das Aufdecken der Karten konnte die Lüge von der Wahrheit unterschieden werden.

Leider erlebe ich das heute nicht mehr. Ich kann die Lebenslügen und die Lebenswahrheiten nicht mehr erkennen.

Gibt es vorgegebene Kriterien der Wahrheitsfindung?

Der Besonnene antwortet:

Wie in dem beschriebenen Kartenspiel einigen wir uns über Regeln und Geltungsmaßstäbe für Wahrheit und Lüge. Aber selbst mit den detaillierten Standards unserer Gesetzbücher fällt es auch dem Juristen nicht leicht, die Lügner zu entlarven. Den universellen Lügendetektor haben wir noch nicht erfunden. Außerdem stehen wir nicht selten vor unlösbaren Aufgaben.

Vielleicht kennst du das alte Lügner-Paradoxon des Epimenides: „Dieser Satz ist falsch ". Er stimmt, wenn er falsch ist. Er ist falsch, wenn er stimmt.

Vergleichbare Lügner-Paradoxa wirst du häufiger finden. Dir bleibt demnach nur der existentielle Weg: Du legst für dich Lüge und Wahrheit sowie entsprechende Entscheidungsinstanzen fest.

Daher: Übe die Wahrheit, weniger die Selbstlüge!

Stichwort: Paradigmen

Der Suchende fragt:

Ich verspüre immer wieder eine gewisse Lebenssicherheit, wenn ich fundierte Antworten auf meine drängenden existenziellen Fragen und für meine Lebensthemen erhalte.

Ich frage die gescheiten Menschen, die sich Wissenschaftler nennen, nach ihren Erklärungen. Häufig werden mir dann auch komplexe Deutungssysteme angeboten. Freilich höre ich in der Regel die Warnung, dass ich nur zeitspezifische und begrenzt gültige Antworten erwarten kann.

Bleibt die Welt ein stets neu der Erklärung bedürftiges System?

Kann ich nicht einmal von Wissenschaftlern grundlegend sichere Aussagen erhalten?

Der Besonnene antwortet:

Dein Verstand und deine Vernunft arbeiten hypothetisch. Du nimmst wie jeder studierte Mensch Zusammenhänge und Gesetzmäßigkeiten an. Sie gelten so lange, bis ein anderer sie widerlegen kann. Die Welterklärungen solltest du dir daher wie ein Trial-and-Error-System vorstellen. Es gibt keine sicheren Erkenntniswege. Letztlich besteht auch jede noch so abstrakte und logisch erscheinende Erklärung aus Annahmen und Glaubenssätzen. Die gängigen Erkenntnisse sind Paradigmen, d. h. vorübergehend gültige Hypothesen über das Funktionieren der Wirklichkeit.

Du wirst daher im weitergehenden Begriffsverständnis immer ein gläubiger Mensch bleiben müssen.

位置

Positionen

Stichwort: Leistungsfähigkeit

Der Suchende fragt:

Woran kann ich messen, ob ich ein leistungsfähiger Mensch bin?

Was gilt es, mir und den anderen vorzuzeigen, wenn ich mit meinen Leistungen zufrieden sein möchte?

Bin ich dann leistungsfähig, wenn ich möglichst nützlich bin?

Wenn Leistungsfähigkeit mit Effizienz des Lebens gleichzusetzen ist, wie erreiche ich mit meinem Handeln eine optimale Effizienz?

Der Besonnene antwortet:

Mache dir zunächst klar, für wen du was leisten möchtest.

Erreichst du erst deine Leistung durch die Anerkennung der anderen Menschen?

„Schaut welch ein nützlicher Mensch! "

Aber für wen und für welchen Zweck bist du nützlich?

Lässt du dich überall dort einsetzen, wo du einen Zweck erfüllen kannst und sollst?

Wenn du aus dir heraus und nicht Außenanforderungen entsprechend leben willst, wie erlebst und definierst du dich dann als effizient.

Besinne dich in dieser Hinsicht regelmäßig.

Suche und erlebe in deiner unmittelbaren Selbstakzeptanz deine Selbsteffizienz.

Stichwort: Augenblicke

Der Suchende fragt:

Was soll ich tun, um ein Sehender zu werden?

Ich habe das Glück, mit uneingeschränkter Sehfähigkeit geboren worden zu sein. Ich kann und darf meine Blicke überall dort hinrichten, wo es Sehenswertes zu geben scheint.

Doch ich glaube, es gilt, einen wesentlichen Unterschied zwischen sehen und erblicken zu beachten.

Wenn ich das Glück hatte, das Licht der Welt zu erblicken, wie kann ich die Welt einsichtig oder vielleicht sogar hellsichtig erfassen?

Der Besonnene antwortet:

Du unterscheidest zu Recht den sehenden und den erblickenden Menschen.

Vielen ist, wie dir, ein gesundes Sehvermögen gegeben. Doch sie gehen nicht selten wie mit Scheuklappen durch ihr Leben. Deinen Blick kannst du lenken und auf das von dir Gewählte richten. So wie dich andere erblicken, kannst und darfst du alles und alle zum Ziel deines Lebensinteresses erklären.

Dein Blick öffnet dir Wahrnehmungshorizonte und lässt sie dich umgestalten zu Eigenwelten.

Nimm daher die von dir selbst konturierte und kolorierte Welt wahr, gestalte sie farbig und interessant.

Wisse: Nur den Blick schätzend wirst du ein Sehender!

Stichwort: Alles und Nichts

Der Suchende fragt:

Darf ich alles wollen, wenn ich nichts als unabdingbar verlange?

Muss ich notwendigerweise bescheiden sein, damit mir nicht narzisstische Überheblichkeit und Unersättlichkeit nachgesagt wird?

Wie und wann darf ich die Verwirklichung meiner Träume erwarten?

Darf ich drängen, wenn mir die Umsetzungszeit zu lang wird?

Der Besonnene antwortet:

Der törichte Mensch will alles und zwar sofort. Auf diese Weise wird es ihm gelingen, niemals mit sich zufrieden zu sein. Er mag dies als Lebensantrieb verstehen, verliert aber so seinen inneren Ruhepol.

Ich darf alles, als auch mir zur Betrachtung gegeben annehmen, es aber nicht notwendig besitzen wollen.

Im Umgang mit der Vielheit erlerne und erfahre ich die Ordnung und die Schönheit der Welt, die allen gehört.

Der Besitz erweckt die Begehrlichkeit und die Ungleichheit ebenso wie die Dimension des Zeitlichen und den Drang.

Darum: Öffne dir alles und verlange nichts und dies ohne zu drängeln!

Stichwort: Das Unvermeidliche

Der Suchende fragt:

Ich setze mich immer wieder auseinander mit den Bedrohungen meines Lebens und meiner Sinnkonstrukte.

Wie kann es mir gelingen, meine geistige und seelische Selbstausrichtung beizubehalten, wenn ich feststellen muss, dass mich letztlich Unverfügbares und Unvermeidbares erwartet?

Muss ich schließlich resignativ feststellen, dass die letzten Dinge unbeeinflussbar sind?

Der Besonnene antwortet:

Natürlich wirst du dich nur schwerlich vor Krankheit und Leid, in gar keinem Fall vor deinem Tod schützen können.

Das Unvermeidliche darfst du aber dann als eine deiner Sinnkonstanten nutzen.

Du misst deine Lebensentscheidungen am Unverrückbaren. Werden sie vor diesen Lebensbestimmungen zu halten sein?

Unsicherheit und Endlichkeit fordern dich auf, dich um dich selbst zu sorgen. Das Unverfügbare wird zum Motor deines Lebens. Du solltest seine vergängliche Energie nutzen.

Du wirst aber auch die Aufgabe übernehmen müssen, das Unvermeidliche für dich selbst zu deuten.

Deine Deutung kann dann durchaus die Möglichkeit eines erfüllten Lebens öffnen.

Stichwort: Wohlbefinden

Der Suchende fragt:

Ich verspüre nicht selten eine innere Unruhe und Unausgeglichenheit.

Ich erlebe mich eher deplatziert, richtungs- und sinnlos in meinen Alltagen aufgestellt.

Ich bin weit entfernt davon, mit mir selbst und der Welt ein akzeptables Arrangement zu finden.

Ich fühle mich nicht wohl, obwohl ich keine körperlichen Beschwerden oder sozialen Defizite beklagen muss.

Wie kann ich den Zustand des Wohlbefindens erreichen?

Der Besonnene antwortet:

Gehe phänomenologisch vor. Das heißt, klammere ein und klammere aus, was du zum Wohlbefinden glaubst besitzen zu müssen.

Stelle fest, was dir für dein körperliches, für dein geistiges, für dein seelisches, für dein soziales Wohl wichtig erscheint.

Werde zum Sammler deiner diesbezüglichen eigenen Erfahrungen in der Vergangenheit und in der Gegenwart.

Projiziere dich mit deinen Deutungen perspektivisch, übe das Phantasieren, weniger das Reflektieren.

Vor allem aber, vermeide die unhinterfragte Übernahme der allgemeinen Wohlstandsvorstellungen.

Es geht um dein Befinden und das darfst du wörtlich verstehen.

Suche dein Wohlsein und sei überzeugt es zu finden!

Stichwort: Stillstand

Der Suchende fragt:

Viele kennen diese Formel, sofern sie männlichen Geschlechts sind: „Stillgestanden ".

Über eindeutige, manchmal gerade sinnige Anordnungen werden Gehorsam und Disziplin eingeübt.

Ich erweitere den Bedeutungsgehalt dieses Befehls und ordne ihn für mich hinsichtlich seiner Konsequenzen anders ein. „Stillgestanden! " heißt dann für mich Stillstand. Es geht nicht weiter in meinem Leben. Ich trete, vielmehr ich stehe auf der Stelle. Ich habe mein Ich aufzugeben und mich vor gegebenen Ordnungen zu unterwerfen.

Darf ich zuwiderhandeln?

Werde ich als Befehlsverweigerer verurteilt werden?

Der Besonnene antwortet:

Übe vorerst den dir durch eigenen Befehl verordneten Stillstand.

Komme mit dir zur Ruhe.

Erfahre die erschließende Kraft der Stille.

Hetze und eile nicht durch deine Tage.

Bleibe häufiger einmal stehen.

Schaue dich um, denn die Welt bietet dir in jedem Moment viele „Sehenswürdigkeiten ".

Übe aber auch das Stillsein mit dir selbst und kehre in deine inneren Erfahrungsräume ein.

Du wirst schnell bemerken, dass der selbst gewollte Stillstand nicht gleichzusetzen ist mit einer Entwicklungs- und Lebensblockade.

Werde dein eigener Vorgesetzter: „Stillgestanden! "

Stichwort: Amor Fati

Der Suchende fragt:

Kürzlich fragte mich ein Mitmensch wieder einmal nach meinem Sternzeichen.

Ich muss gestehen, dass es mich wenig interessiert, ob ich den Daten meiner Geburt zufolge, den Skorpionen oder den Steinböcken zuzuordnen bin. Ob ich aszendent oder deszendent bin, was immer das bedeuten mag, beschäftigt mich gedanklich nicht.

Trotzdem denke ich nicht selten darüber nach, ob es eine vorgegebene Steuerung für mich gibt.

Bin ich wie jeder meiner Lebensschritte absoluter Zufall oder existiert eine Bestimmung für mich, ein Schicksal, das mich lenkt, ohne sich bemerkbar zu machen?

Der Besonnene antwortet:

Du wirst diese Frage nicht rational beantworten können.

Den Zugang zum sogenannten Schicksal findest du über den Glauben.

Zur reinen Materie gehören die inneren Gesetze des Wachstums und des Vergehens, des Erblühens und Verblühens.

Zum Reich des Geistigen gehören deine Wahrnehmungs- und Strukturierungsfähigkeit sowie deine Steuerungen über vorgegebene Verstandesbahnen.

Deine Seele sucht aus sich heraus die Anbindung an übergeordnete Steuerungen und strebt über dich hinaus.

Einerlei welchen Weg du gehen möchtest, deine Chance solltest du darin sehen, dein Schicksal zu lieben (Amor Fati).

Stichwort: Psychologisches

Der Suchende fragt:

Ein weiser Mensch erteilte einen einfach klingenden Rat:

„Kehre in dich selbst ein, denn in dir findest du die Wahrheit! "

Ich hätte, um seinen Vorschlag folgen zu können, mehr Instruktionen gebraucht. Wie soll es auf welchem Wege gelingen, in mich einzukehren?

Wo finde ich Zugangsmöglichkeiten und wie eröffne ich mir Wege?

Wenn ich dann einkehren konnte, was darf ich erwarten, wonach soll ich schauen?

Die inneren Erfahrungsräume präsentieren sich mir leer, vollkommen ohne Angebote.

Der Besonnene antwortet:

Der psychologische Weg ist genau der: Du selbst bis die Antwort!

Für den Außenstehenden müssen deine inneren Erfahrungsräume leer erscheinen.

Wenn du dies ähnlich wahrnimmst, bist du nicht bei dir, sondern betrachtest dich mit den Augen der anderen.

Wenn du dich auf dich selbst einlassen kannst, in dir in der Wonne der Selbsterfahrung versinken kannst, werden deine inneren Räume sich farbig und in jeder Hinsicht erlebnisreich zeigen. Du wirst Bilder an den Wänden erkennen, innere Nachrichten hören und vor allem ein phantastisches Verschmelzungs- und Einheitsgefühl mit dir selbst und der Welt spüren.

Stichwort: Geistige Freiheit

Der Suchende fragt:

Von Beginn meines Lebens an begegne ich Menschen, die mir absprechen wollen, mir eigene Gedanken zu machen.

Sie wollen mich erziehen zum gelungenen Kind.

Sie wollen, dass ich ihre Lehren lerne, indem sie mir vorschreiben, was ich zu wissen habe.

Wenn die Lerntests misslingen, bin ich durchgefallen und für das Leben ungeeignet.

Intellektuelle zeigen mir meine Grenzen auf und belächeln meine „unbeholfenen" geistigen Gehversuche.

Wie kann ich mich wehren und die Eigenständigkeit meines Denkens durchsetzen?

Der Besonnene antwortet:

Eine der frühen Feministinnen der europäischen Geistesgeschichte, Hypatia von Alexandria, forderte schon im 4. Jahrhundert unserer Zeitrechnung die geistige Freiheit jedes/jeder Einzelnen. Sie behauptete, dass auch das sich irrende Denken in jedem Fall der Aufgabe des eigenständigen Denkens vorzuziehen ist.

Du solltest dir daher die Freiheit deines Denkens auf keinen Fall verbieten lassen.

Stelle, wann immer du willst, Erziehung und Lehren infrage.

Du darfst Nicht-Selbsterfahrenes für dein eigenes Denkgebäude natürlich als Baustoff nutzen.

Lasse dir aber niemals vorschreiben, nicht zu denken!

Stichwort: Freie Auswahl

Der Suchende fragt:

Ich kenne dieses Entscheidungsdilemma seit meinen Kindertagen. Wir kaufen Lose, 10, 20, hoffen auf den Hauptgewinn wie viele andere Rummelplatzbesucher. Dann endlich, ein Jubelschrei, ich halte das Glückslos in den Händen.

Ich habe die freie Auswahl! Es gibt bunte Plüschtiere, Kunststoffautos, diverse billige asiatische Technik, Uhren aus Massenproduktionen.

Ich kann mich nicht entscheiden, suche Rat und Mithilfe: Was ist sinnvoll, was soll ich mitnehmen, dass ich nicht nach kurzer Zeit achtlos vergessen werde?

So ist es bis heute: Wer hilft mir, bei der freien Auswahl in meinem Leben die richtigen Entscheidungen zu treffen?

Der Besonnene antwortet:

Gesellschaftsreformer forderten immer wieder die Beschränkung der Leistungen und Waren auf nur wenige, allen zur Verfügung stehende Produkte. Zuviel Auswahl mache die Menschen nicht glücklicher. Sie suggeriere eine Scheinfreiheit und vorübergehende Glückszustände des Konsums.

Dir scheint es auch so zu gehen, dass deine Gewinnerfreude eher geschmälert wird, wenn du zur freien Entscheidung gezwungen bist.

Dann musst du vielleicht noch feststellen, dass keiner der Gewinne letztlich ein Hauptgewinn für dein Leben ist.

Daher: Bestimme zunächst deine Absichten und wähle erst dann. Vielleicht wirst du kein Los kaufen.

Stichwort: Mehr-Ich

Der Suchende fragt:

Ich erlebe manchmal einen nicht stillbaren Lebenshunger.

Ich will mehr!

Dies betrifft vor allem Zeiten und Situationen, in denen ich mich mit mir und den Umständen wohl fühle.

„Mehr" beinhaltet dann weniger den angestrebten Besitz, sondern ist eher auf das emotionale Begehren ausgerichtet.

Ich möchte mich loslassen, mich „verströmen" und „verbreiten".

Wie kann ich ein derartiges egozentrisches Verlangen rechtfertigen?

Der Besonnene antwortet:

„Das Ich ist ein grenzenloses Meer " – (Khalil Gibran)!

Du darfst, wie jeder andere Mensch, über dich und deine körperlich gesetzten Grenzen hinausgehend die Welt mit deinem Lebens- und Glücksgefühl besetzen und besitzen wollen.

Der Horizont zeigt nur optisch eine Einschränkung deiner Wahrnehmung und deiner Entfaltungsmöglichkeiten.

Du wirst das Ziel seines Trugbildes nicht erreichen können.

Du solltest dies auch nicht wollen.

Dein Glücksempfinden und -verlangen will Eingrenzungen überschreiten.

Erlaube dir auch, dies im doppelten Wortsinn mitzuteilen: Lasse es andere wissen und teile dieses Gefühl mit ihnen!

Stichwort: Immer besser

Der Suchende fragt:

„Gut ist gut ", pflegte einer unseren früheren Lehrer zu sagen, „besser ist besser ".

Mir wurde sehr früh in meinem Leben klargemacht, dass Leistungssteigerungen immer möglich seien, wenn ich nur wollte und mich bemühte. Denn, „dem Besten gehört die Zukunft ".

Wie dieses „gut, besser, am besten " inhaltlich zu füllen ist, bleibt den jeweiligen Anforderern überlassen.

Es darf die sportliche Höchstleistung sein oder die beste Klassenarbeit, wem auch immer das letztlich dienen soll.

Ich bin der Beste!

Ich stelle fest, dass wir als Ergebnis dieser Leistungsideologie die Konkurrenzgesellschaft aufgebaut haben.

Wie kann ich mich den Höchstansprüchen entgegenstellen und ganz einfach „Ich " sein?

Der Besonnene antwortet:

Du solltest nicht deine Kräfte damit erschöpfen, gegen die herrschende Leistungsideologie anzukämpfen.

Du wirst den Siegertypen nicht aus dem Weg gehen können.

Du wirst jedoch oft die Gelegenheiten nutzen können, andere Leistungen vorzuzeigen, Menschen nachdenklich und dich selbst erfüllter zu stimmen.

Propagiere daher durchaus: Ich bin der Beste!

Ergänze dann aber auf deine ungewöhnliche Art: Lebensgestalter ··· Sinnsucher ··· Alltagskünstler ··· Müßiggänger ··· Jetzt-Mensch etc.

Stichwort: Leidenschaften

Der Suchende fragt:

Ich lebe gerne!

Vielleicht sollte ich mich sogar steigern: Ich lebe leidenschaftlich gerne.

Ich habe mir die grundlegende Aufgabe gestellt, meine Tage mit Eifer anzugehen und mit Freude zu füllen.

Oft muss ich aber auch feststellen, dass ich mich festfahre, dass ich nicht mehr weiter weiß und mir mit eher resignativer Stimmung begegne.

Das leidenschaftliche Leben ist dann in ein Leid-schaffendes Leben umgeschlagen.

Habe ich mich in solchen Momenten selbst überfordert und mich verausgabt?

Schafft meine Leidenschaft letztlich Leid?

Sollte ich eine eher rationale Lebensform wählen, die mich nicht in dem Maße erschöpft wie das Leidenschaftliche?

Der Besonnene antwortet:

Hüte dich, den Schatz deiner Lebensleidenschaft zu verschenken.

Vielen Menschen gelingt es nicht wie dir, ein solches Lebensniveau zu erreichen.

Du entwickelst und investierst ein sehr hohes Lebensgefühl.

Du lebst energetisch und offensiv.

Die defensive Lebensform mag dich eher vor Abstürzen schützen. Sie nivelliert jedoch deine Affekte.

Der Lebensüberschwank kann und darf die Gefahr der Erschöpfung bergen.

Verbiete dir dieses leidenschaftliche Leben aber keinesfalls!

Stichwort: Sinn und Unsinn

Der Suchende fragt:

Kürzlich sprachen wir über Außergewöhnliches.

Das Leben bietet demjenigen vieles, der es kennen will und zu nutzen wagt.

Zu diesem Thema:

Ich bin ein experimentierfreudiger Mensch.

Ich mache jeden Unsinn mit!

Mit welchen Zielen ich dies will, kann ich nicht sagen.

Ich bin ein Täter, kein Grübler oder Zauderer, kein Begründer.

Trotzdem ist es mir wichtig zu wissen, wie ich zwischen Sinnvollem und Unsinnigem unterscheiden kann.

Gibt es Bewertungskriterien?

Der Besonnene antwortet:

Sinn oder Unsinn, das ist hier die Frage.

Wir könnten Shakespeare in etwas abgewandelter Form zitieren und ihn ggf. um Rat bitten.

In der Natur existiert kein Unsinn, ebenso wenig wie es ein Un-Kraut nicht gibt.

In der Regel erkennen wir die verborgenen Sinnhaftigkeiten nicht.

Nicht selten verwechseln wir Sinn mit Zweck und erwarten lediglich die Bestätigung der Nützlichkeit eines Dings oder einer Handlung.

Du darfst daher durchaus deine Absichten und dein Handeln als generell für dich sinnvoll bewerten.

Du wirst niemals Unsinniges tun, häufig aber den unbewussten Anteil deines Selbst nicht wahrnehmen.

Du darfst also jeden Unsinn mitmachen, denn er wird irgendwie und irgendwann für dich Sinn generieren.

Stichwort: Propaganda

Der Suchende fragt:

Es gibt immer und überall Meinungsführer.

Sie kennen, ohne mich zu kennen, meine Wünsche und Bedürfnisse, meine drängenden Fragen und meine intellektuelle wie soziale Hilfsbedürftigkeit.

Sie können mir „sichere Wege " zum Lebensglück weisen.

Je nach persönlichem Geschmack darf ich wählen zwischen den Lehren der Propheten des Tagesglücks und denen der Verkünder der Heilslehren unterschiedlicher Ausrichtung.

Ich höre dann die diversen Propagandasprüche, glaube, mich abgrenzen zu können.

Verfüge ich über eigene überzeugende Gegenkonzepte um mich vor den Verführern zu schützen?

Der Besonnene antwortet:

Du musst dich vor Volksverführern nicht fürchten, wenn du es dir angewöhnst, kritische Fragen zu stellen.

Sie sollten dich nicht durch Worte und Positionen überzeugen, sondern durch persönliche Lebenshaltungen.

Bitte um Aufklärung darum, wie sie ihre Lehre selbst leben.

Frage häufiger danach, woran du erkennen kannst, dass sie Christen, Muslime, Sozialisten, Hedonisten etc. sind, ohne dass sie dir verfasste Schriften anbieten.

Ziehe aber auch deine persönlichen Konsequenzen.

Präsentiere nicht in der rhetorischen Selbstdarstellung deine Lebenslehren.

Zeige über deinen Lebensstil und deine ethischen Grundhaltungen wer du bist und was deine missionarische Botschaft sein könnte.

Sinn

und

Zweck

Stichwort: Sinnantworten

Der Suchende fragt:

Die Weisen der Geschichte fordern auf zur Kontemplation, zur sinnlichen Selbst- und Welterfahrung.

Wie gelingt es, über die alleinige Betrachtung der Dinge zum Eigentlichen der Erscheinungen zu gelangen?

Werde ich nicht Gefahr laufen, mich im Zufälligen zu verlieren?

Wer weist mir den Weg, das Wesentliche zu betrachten?

Der Besonnene antwortet:

Die Kontemplation, das in sich begründete absichtslose Betrachten, ist die wichtigste Erfahrungsquelle für die Sinne.

Nutze alle deine Sinne, öffne dich dem Schauen, Hören, Riechen, Schmecken und Fühlen der Welt.

Erlebe das Kleine, das Gewöhnliche als sinnstiftend, den täglichen Sonnenaufgang und -untergang, das Lächeln und die existenzielle Freude der Geschöpfe.

Entdecke den liebevoll für dich gedeckten Tisch und den deinem Lebensappetit anregenden Alltag.

Sinn und Sinnlichkeit sind untrennbar miteinander verbunden.

Stichwort: Ziele

Der Suchende fragt:

Was ist, wenn ich los gehe und ich habe kein Ziel?

Was ist, wenn eher die Ausgestaltung als der Zweck meines Tuns mich beschäftigt?

Was ist, wenn ich das Leben verpasse, weil ich nicht schnell genug bin und andere an mir vorbei die Diamanten des Lebens finden und für sich reklamieren können?

Der Besonnene antwortet:

Du kannst auf die Verkündung eines Heilsweges warten, auf einen Führer oder auf Godot.

Damit wirst du dich selbst aufgeben und jegliche Herausforderung an und für dich vermeiden.

Du wirst dich treiben lassen im Strom der Massen, das Leben einer der Tausenden fleißigen Ameisen führen.

Du wirst vorzeigen und nicht ergründen.

Du wirst den wundervollen Zugang des Langsamen zur Welt nicht finden.

Schnelligkeit und Kürze (des Lebens) passen zusammen.

Langsamkeit und Länge.

Ich wünsche dir ein langes Leben.

Stichwort: Sinn-Prothesen

Der Suchende fragt:

Auf welche Hilfen bin ich angewiesen, wenn es mir nicht mehr gelingt, mich selbst wahrzunehmen und anzunehmen, auf Botschaften zu hören, das Leben zu spüren und die rechten Schritte zu gehen?

Wenn mir meine zunehmenden Einschränkungen und Defizite gewahr werden, wer hält Hilfsmittel und Stützen für mich bereit?

Darf ich auf dementsprechende „prothetische Besserung " hoffen?

Der Besonnene antwortet:

Lasse mich dir zunächst diverse Formen der Sinn(es)-Behinderung aufzeigen und aufzählen:

Die Seelenblindheit und die Blindheit des Herzens, die Naturfarbenblindheit, die Fehl- und Doppelsichtigkeit, die Unfähigkeit sich selbst zuzuhören oder die Stimmen der Schöpfung wahrzunehmen, das fehlende Geschmacks- oder Geruchsvermögen für das Leben, die verlorene Fühlfähigkeit und die geistige wie seelische Bewegungsunfähigkeit ···

Wo willst du beginnen zu korrigieren?

Brauchst du die fremdproduzierten Prothesen oder schaffst du den Wiederbenutzungserfolg deiner Sinne aus eigenen Kräften?

Stichwort: Seelennahrung

Der Suchende fragt:

Mein Körper fordert regelmäßig, häufig in Stundenabständen, nach Nahrung.

Zeiten des Fastens und Hungerns erträgt er nur schwer.

Meine Seele hingegen vergesse ich viel zu oft.

Auch sie dürstet und hungert.

Aber wie soll ich meine Seele nähren?

Könnte ich das, was sie in mir erhält auf irgendeinem der Märkte unserer Welt kaufen?

Der Besonnene antwortet:

Gelegenheiten, deine Seele zu füttern findest du jeder Zeit und ··· Seelennahrung ist in der Regel kostenlos erhältlich.

Du magst verzückt dem Gesang des Windes zuhören, den lusttaumelnden, Nektar trinkenden Schmetterling beobachten oder auch in dir selbst die unausgefüllten Entfaltungs- und Einrichtungsräume mit Fantasien möblieren.

Du kannst spürend barfuß laufen, dich vom Wasser der Flüsse tragen lassen oder mit Kindern spielen und ihre Märchenwelten erleben.

Die Seele ist wenig anspruchsvoll und hinsichtlich ihrer Ernährung nicht festgelegt.

Sie ist gewissermaßen ein Allesfresser.

Stichwort: Da-Sein

Der Suchende fragt:

Ich erlebe mich lebend.

Das heißt, mein Herz schlägt, meine Lungen atmen, mein Gehirn arbeitet, verschaltet, verordnet Bewegungen und denkt Prozesse.

Ohne Zweifel gibt es mich.

Ich träume mich nicht, ich existiere.

Aber was fange ich damit und mit mir an?

Ich bin einfach da!

Ich verstehe nicht einmal, was dies für mich bedeutet, da-zu-sein.

Wie kann ich aus meinem Dasein, aus dem Faktum, lediglich in der Welt zu sein, ein So-sein und ein Für-mich-Sein entwickeln?

Der Besonnene antwortet:

Du kannst dich zunächst glücklich schätzen, dein Da-sein wahrzunehmen und es nicht einfach abzuleben, wie viele deiner Zeitgenossen es tun.

Gehst du einen Schritt weiter, gelangst du über dein Erweckungserlebnis zum erwachten Da-sein.

Mache dir jetzt klar, was für dich Erweckungserlebnisse waren und sind.

Im erwachten Da-sein nimmst du zu dir und zu deinem Leben Stellung.

Du stellst Strukturen und Alternativen des So-seins einander gegenüber, wägst deine Alltagsentwürfe ab, hältst sie für wichtig oder verwirfst sie.

Du entwickelst auf diese Weise immer wieder neue Zustände und Perspektiven deines Für-dich-Seins.

Lasse dich daher häufiger aus dem Da-sein wecken!

Stichwort: Türen zum Selbst

Der Suchende fragt:

Ich erlebe mich oft eingeschlossen, gefangen in meiner Gefühlswelt, begrenzt in meiner Erkenntnisfähigkeit.

Ich kann die Mauern meines Selbstgebäudes nicht überwinden.

Die Fenster sind trübe, so dass ich nur mühsam Blicke nach außen richten kann.

Ausgänge suche ich vergeblich.

Ich bin mit mir hinter nicht zu öffnenden Türen eingeschlossen.

Wo finde ich Schlüssel, um Tore und Türen zu öffnen, um mich heraus- und andere hereinzulassen?

Der Besonnene antwortet:

Woher weißt du, dass alle Ausgänge deines Selbstgebäudes verschlossen sind?

Hast du versucht, die kleineren Türen aufzuschließen?

Du siehst auf der Suche nach den Toren zum Leben die nahe gelegenen Aus- und Eingänge nicht.

Du selbst bist der Türschließer.

Du öffnest und verschließt dich dir, dem Anderen und dem Leben, ohne dass es dir bewusst wird.

Fasse den Entschluss, aus dir herauszugehen, lasse die Menschen an dich heran und deine Türen werden sich wie von selbst öffnen.

Vielleicht solltest du aber vorher einige Fenster deines Selbstgebäudes putzen, damit du die Schönheit der Welt erblicken kannst.

Dann wird deine Sehnsucht zum Türöffner.

Stichwort: Übermenschen

Der Suchende fragt:

Die Geschichte der Menschheit zeigt in nahezu jeder Epoche Rassengegensätze.

Ethnische Herkunft, Hautfarbe oder die Religionszugehörigkeit werden als unüberwindbare Unterscheidungsmerkmale gesehen.

Eine Bevölkerungsgruppe beherrscht die andere und gibt sich selbst die Bedeutung der Auserwählten.

Man postuliert die reine Gestalt des Übermenschen, dessen Wesenszüge durch Inzucht erhalten werden müssen.

Ich will in keiner Weise zu diesen Übermenschen gehören.

Wie kann es mir gelingen, einen grundlegenden Respekt gegenüber allen Menschen aufzubauen?

Der Besonnene antwortet:

Zunächst:

Du wirst aufgrund der Besonderheit deiner räumlichen und zeitlichen Existenz der Gruppe der Übermenschen zugeordnet werden.

Du lebst einen elitären Lebensstil auf Kosten der anderen, ohne dass es dir bewusst werden mag.

Wenn du andere Lebensformen und Verhaltensweisen für dich suchen willst, ist das anzuerkennen.

Den Begriff des Übermenschen darfst du umdeuten.

Er sollte als Instanz in dir regieren.

Seine Aufgabe wird dann dein Lebensthema sein:

Dein Übermensch wird zum einzigen Schöpfer des eigenen Sinns!

Stichwort: Ideen

Der Suchende fragt:

Ich bin wieder einmal von mir selbst und der Eintönigkeit meines Alltags enttäuscht.

Mir fehlen die Ideen für ein herausforderndes und letztlich beglückendes Leben.

Ich weiß nicht, wo ich nach Impulsen suchen soll: Bei den Außenseitern und Eremiten unserer Gesellschaft, in fremden Kulturen und Lebensgemeinschaften?

Sollte ich überhaupt nach Ideen leben oder eher ausgerichtet auf meine spontanen Bedürfnisse und Lustempfindungen?

Der Besonnene antwortet:

Du strebst an, dich in deinem Leben von übergeordneten Ideen leiten zu lassen.

Schon die platonische Ideenlehre wies den Menschen jedoch nur Plätze in der Höhle des Lebens zu.

Wir sind demgemäß nur in der Lage, die Schatten des Wahren, Guten oder Schönen wahrzunehmen.

Wenden wir uns den grundlegenden Ideen des Daseins zu, müssen wir geblendet von der Strahlung der absoluten Vernunft wegschauen, um nicht zu erblinden.

Wenn du dich aber mit den Abbildern der Ideen arrangieren kannst, nimm sie als deine Herausforderungen an.

Suche deine Weise, das Wahre, Gute und Schöne zu leben.

Du musst die Ideen nicht erkennen!

Stichwort: Utopien

Der Suchende fragt:

Manchmal finden meine Gedanken und Gefühle keinen Aufenthaltsort im Alltag.

Ich projiziere mich in Wunschwelten und lebe in eigen gestalteten Fantasieräumen.

Niemand hindert mich dann daran, mich so einzurichten, wie ich es möchte.

Wie in Kinderzeiten funktioniere ich in meiner Vorstellung den Stuhl zum Pilotensessel um, die Wiese hinter dem Haus zur einsamen Insel.

Ich schäme mich dann, mich mitzuteilen, wenn mein Verhalten auffällt.

Verhalte ich mich kindisch?

Der Besonnene antwortet:

Zu allen Zeiten gab es Utopien und Utopisten.

Es ging in der Regel um wesentlich mehr als um den bloßen Austausch eines realen gegen einen fantasierten Aufenthaltsort.

In „Sonnenstaaten" lebten nur friedvolle Menschen, in Ökotopia wurden Ökonomie und monetäre Systeme abgeschafft.

In psychedelischen Welten forderten die Bewohner Seelenfreundschaften als grundlegende Bedingungen des Miteinanders.

Du entwickelst mit deinen Utopien möglicherweise auch vergleichbare Hoffnungen.

Gestalte daher unbekümmert deine einsame Insel.

Merke: Utopien bereiten Veränderung vor und stoßen Zukunft an.

Darum: Erlebe deine Utopien!

Stichwort: Verlangen

Der Suchende fragt:

Ich begebe mich, wenn ich einmal wieder keine innerliche Ruhe finden kann, oft auf die Suche nach ihren Widersachern.

Was lässt den Zustand der Gleichgültigkeit des Gemüts nicht zu?

Ich stoße dann auf einen der Hauptunruhestifter, auf mein Verlangen.

Schon in den 10 Geboten wird das Begehren zur Sünde deklariert, wenn es zunächst auch nur auf „des Nächsten Weib " bezogen wurde.

Auch der Kirchenvater Augustinus stellte fest:

„Unser Verlangen kennt keine Ruhe, es ist unendlich und eine ewige Qual ".

Wie sollte es mir gelingen, mein Verlangen einzugrenzen oder gar es auszuschalten?

Der Besonnene antwortet:

Du stellst einen Anteil in dir infrage, der als Garant des Antriebes, des Wandels und des Selbstentwurfs biologisch, geistig wie seelisch unabdingbar ist.

Du sollst sowohl nach Liebe, Erotik und körperlicher Hingabe verlangen, wie auch im Wissensdurst nach umfassender Erkenntnis und in der Sehnsucht der Seele nach Selbsterfüllung und Vereinigung mit dem Absoluten.

Wage daher, den Philosophien der Triebfeindlichkeit zu widersprechen.

Erkenne dein inneres Verlangen nicht nur als Widersacher deiner inneren Ruhe.

Hebe es auf eine(r) höhere(n) Stufe auf als sinnsuchendes Begehren.

Stichwort: All-eins-sein

Der Suchende fragt:

Ich bin allein mit mir.

Ich weiß noch nicht, ob ich diese Situation positiv oder negativ werten soll.

Fühle ich mich verlassen und einsam oder eher befreit und für meine Absicht mit mir offen?

Ich nehme mir vor, mich genauer zu erkunden.

Brauche ich die menschliche Mitwelt zur Selbstdarstellung und zur Selbstbestätigung oder einfach nur für das soziale Überleben?

Brauche ich meine Rückzugswelt, um mich selbst zulassen zu dürfen?

Darf ich mich dann ausgrenzen und in mich selbst zurückziehen?

Der Besonnene antwortet:

Die Zeiten des Alleinseins sind für dich wie für andere Menschen wichtige Selbstfindungs-, Selbstbewertungs- und Individuationsphasen.

Menschen, die man nicht allein sein lässt, zerfallen seelisch.

Unter Umständen werden sie seelisch krank.

Erlaube dir daher die positiv erfahrene Einsamkeit durch Spaziergänge oder Naturerfahrungen mit dir allein.

Vielleicht wirst du dann aber auch noch grundlegend andere Dimensionen des Alleinseins erreichen.

Du könntest über dich hinausgehen wollen, dein All-eins-sein spüren, wie eine wunderbare Verbindung mit dem Kosmos.

Darum übe das Alleinsein und eröffne dir Erlebnisse des All-eins-seins.

Stichwort: Ebbe und Flut

Der Suchende fragt:

Wenn ich mich an den Küsten der Meere aufhalte, erlebe ich mich wiederholt in dieser Imagination:

Ich spaziere mit Freude, gleichzeitig mit Verunsicherung den Strand entlang.

Ich spüre den feinkörnigen, weichen, warmen Sand unter meinen Füßen und atme die salzige Meeresluft voller Genuss ein.

Aber ich habe mich nicht über die Gezeitenfolge informiert.

Muss ich die Flut erwarten oder die Ebbe?

Wird das Wasser sich von mir zurückziehen und mir noch weite, kahle Flächen feuchten Schlicks zurücklassen?

Oder werden die Wogen über mir zusammenschlagen und mich in die drohende Tiefe reißen?

Ich sehe dann Parallelen zu meinem Leben.

Es gibt für mich immer Zeiten der Ebbe und der Flut.

Wie kann ich meine Tage ohne Gezeitenkalender gestalten?

Der Besonnene antwortet:

Du wirst immer innere und äußere Rhythmen erleben und akzeptieren müssen.

Deine Organe arbeiten mit einer circadianen Steuerung ebenso wie unser Sonnensystem.

Du wirst dich sowohl mit den Tageszeiten zugeordneten Handlungsmustern und Stimmungsschwankungen, als auch mit dem Gelingen und dem Scheitern arrangieren müssen.

Euphorische und depressive Phasen deines Lebens werden einander treffen oder erlösen.

Ebbe und Flut sind universelle Phänomene und weitaus weiter verbreitet als an den Gestaden der Meere.

Erkenne die Wechselhaftigkeit des Lebens als sein basales Muster, lasse dich aber weder in seine Fluten noch in seine Einöde ziehen.

Stichwort: Innovation

Der Suchende fragt:

Eines der meist gebrauchten Schlagworte unserer Tage lautet: Innovation.

Ich verkaufe mich und das, was ich anzubieten habe besser, wenn ein neuer Anstrich es und mich attraktiv macht.

Komplett restauriert, runderneuert, renoviert, so darf ich hoffen, bei den Zeitgenossen anzukommen.

Mein Selbstprojekt wird problemlos gefördert, wenn es innovativ ist.

Es werden sich Interessenten finden lassen.

Doch was und wie soll ich erneuern?

Reicht der Erneuerungsanspruch aus, ohne dass ich Ziele und Zwecke angebe?

Der Besonnene antwortet:

Das Neue bringt heutzutage einen Sinn an sich mit.

Es verspricht den besseren Gebrauchs- und Tauschwert.

Das Ungewohnte wird dem Gewohnten unhinterfragt vorgezogen.

„Die haben schon wieder etwas Neues ", erweckt Neid und Konkurrenzdruck.

Du solltest dich daher nicht unbedingt zu den Welt- und Selbsterneuerern gesellen, wenn du dir nicht darüber klar geworden bist, was du zu verändern hast und was du damit erreichen möchtest.

Vielleicht hast du dann auch den Mut, den Renovierern entgegen zu rufen: „Ich bin innovativ, ich halte entgegen dem Trend am Sinnvollen fest! "

Stichwort: Modern Essentials

Der Suchende fragt:

Ich versuche immer, mit der Zeit zu gehen.

Ich bin ein aufgeschlossener Mensch und sperre mich nicht gegen Neuentwicklungen.

Ich lasse im Prinzip Modernisierung zu, will aber auch Sinn und Zweck der Moden für mich nachvollziehen können.

Wie soll ich die Kaufaufforderung eines multinational agierenden Modehauses verstehen, wenn mir „Modern Essentials " versprochen werden.

Gehe ich mit dem erworbenen Kleidungsstück die Selbsterneuerung an?

Habe ich das entscheidende Accessoire für die Wende zum modernen Menschen kaufen können?

Der Besonnene antwortet:

Beachte zunächst, was es heißt, mit der Zeit zu gehen.

Nimmt die Zeit dich mit?

Lässt dich zum Vasallen moderner Zeiten degradieren?

Oder begleitest du Zeitströmungen, hast aber die Chance, dich jederzeit für eine eigene Richtung zu entscheiden.

Zeit ist dir als chronologischer Rahmen vorgegeben.

Die innerliche Gestaltung deiner Zeit übernimmst du.

Hier darfst du durchaus auch das Schlagwort des Modekonzerns benutzen.

Was wirst du zum Wesentlichen deines Lebens erklären, was wirst du benötigen, um dich in deiner Zeit mit dir einzurichten?

Die Essenz deines Lebens, d. h. die innerste Bestimmung deines Daseins, kannst du sowohl als Fremdvorgabe wie als Selbstaufgabe verstehen.

Nimm deinen Auftrag an: Entwirf dich immer wieder neu mit deinen dir wichtigen „Essentials ".

Ob du dafür modernere Kleidung brauchst, entscheidest du.

Stichwort: Sinnwerkzeuge

Der Suchende fragt:

Ich schaue einem Bildhauer bei seiner Arbeit zu.

Aus einem groben, kantigen Steinblock entsteht in Tagen bis Wochen mühsamer, künstlerischer Tätigkeit eine anmutige Figur wunderschöner Gestalt.

Ich sehe mich herausgefordert.

Ich möchte ebenfalls kreativ zu Werke gehen.

Ich habe mich noch nicht entschieden, welches Material ich wählen soll.

Überdies weiß ich nicht, welche Werkzeuge mir zur Verfügung stehen werden.

Letztendlich gibt es noch keinen Plan, vielleicht jedoch einige Skizzen und Entwürfe für mein Kunstwerk.

Ich möchte Lebenskünstler werden!

Wie kann ich diesen Selbstauftrag umsetzen?

Der Besonnene antwortet:

Du findest in der Geschichte der Menschheit viele Beispiele. Immer wieder haben die Menschen mit allem Erdenklichen geplant, konstruiert und bis in Detail ab- und umgearbeitet, was sie als ihre Gestalt des Lebens annahmen.

Bekanntermaßen soll schon Archimedes seine Gesprächspartner aufgefordert haben: Gibt mir einen Hebel der lang genug ist und einen Stützpunkt außerhalb unseres Universums, dann werde ich die Welt aus den Angeln heben.

Du brauchst also wie Archimedes, um dein Lebenskunstwerk herzustellen, lediglich ein geeignetes Werkzeug und einen sicheren, eigenen Standort jenseits des Normalen.

Was kannst du dir als Werkzeug vorstellen:

Einen Zertrümmerungshammer?

Eine Dekupiersäge für die grobe Form?

Prinzipien für die Gesamtdarstellung?

Bunte Farben für den Anstrich?

Wirst du deinen Standort in dir selbst oder metaphysisch finden? Welchen Abstand brauchst du, um deinen Hebel wirksam ansetzen zu können?

Stichwort: Sinnverweigerung

Der Suchende fragt:

Sehr häufig werde ich zu fortgeschrittener Feierstunde und bei höherem Alkoholpegel der Gäste als der Spezialist in Sinnfragen vorgestellt.

„Der stellt alles infrage; der will alles wissen ".

Natürlich weiß ich wie Sokrates, dass ich zu wenig weiß, um meine Sinnfragen und die der anderen ausreichend beantworten zu können.

Wieso fällt es uns so schwer, zufriedenstellende Antworten auf die Kernfrage unseres Daseins zu finden?

Ist Sinn nur eine Chimäre, ein Trugbild, ein menschliches Wunschkonstrukt?

Der Besonnene antwortet:

Es gibt einen bekannten Spruch der Friedensbewegung der letzten Jahrzehnte:

Stelle dir vor es ist Krieg und niemand geht hin!

Ich will dir die Formulierung innerlich an deine Frage angepasst als erste Antwort geben:

Stelle dir vor, es gibt Sinn und niemand will ihn!

Wenn du deine Sinne gebrauchst wirst du unendlich viele Sinnangebote erhalten.

Wenn du deine Vernunft einsetzt, kannst du deine Erfahrungen immer wieder überarbeiten und zu eigenen Sinnkonzepten zusammenfügen.

Der Sinnbaukasten des Lebens bietet dir mannigfache Möglichkeiten.

Merke dir aber eines: Du solltest einen Einzelarbeitsplatz in deiner Sinnwerkstatt beanspruchen.

Sinn ist eine individuelle, und nur in den verordneten Ideologien, eine kollektive Kategorie. Stelle deiner Suche jedoch immer ein Prinzip voran: Die unbedingte Annahme des Sinnvollen.

Bilder der Wirklichkeit

Stichwort: Fülle und Leere

Der Suchende fragt:

Jeder Mensch sucht in seinem Leben nach Erfüllung.

Wie dies zu erreichen ist, bleibt jedoch jedem selbst überlassen, ebenso die Festlegung der Bedeutung des möglichen Lebensoptimismus.

Sollte ich daher zunächst meine Alltage mit An- und Auffüllen verbringen?

Und was soll ich tun, wenn alles Verfügbare gefüllt ist?

Der Besonnene antwortet:

Ein chinesischer Weiser erzählte einmal die folgende Geschichte:

Ein Gast war zu einer Feier geladen. Der Gastgeber bat ihn, ein Trinkgefäß mitzubringen, weil er fürchtete, nicht genügend Becher für die vielen Geladenen zu besitzen.

Dem Gast gab er aber vorsorglich auf, es leer und nicht gefüllt mitzubringen, damit er die vielen köstlichen Getränke genießen könne.

Sorge daher vor, dass du immer noch genügend Raum und Zeit in deinen Alltagen für neue Erfahrungen offen hältst.

Suche und bewahre die Leere.

Die Fülle könnte dich daran hindern, schöpfend und schöpferisch zu leben.

Stichwort: Reden

Der Suchende fragt:

Ich beobachte wie Menschen miteinander sprechen.

Sie tauschen Grußformeln, Höflichkeiten und Allgemeines aus.

Ist das, was wir ansprechen, mit dem, was wir meinen und wollen, vergleichbar?

Darf ich das, was ich denke und fühle, sagen?

Darf und kann ich über alles reden?

Der Besonnene antwortet:

Glaubst du, dass du deine inneren und äußeren Regungen in Worte fassen und mitteilen kannst?

Probiere es:

Drücke deine Liebe zu einem Menschen, zur Welt sprachlich aus.

Finde Ausdrucksformen für deine Bedürfnisse, für deine Lust, für deine Euphorie, für deine jeweilige Befindlichkeit.

Erbitte auch von denjenigen, die du wertschätzt Vergleichbares.

Beobachte welche Qualität jetzt deine Unterhaltungen und sprachlichen Beziehungen gewinnen.

Du wirst aber auch sehr schnell feststellen, dass du nicht über alles reden kannst.

Gestik und Mimik, Körperhaltung, vielleicht ein Lachen oder Weinen könnten dann mitteilungskräftiger sein.

Manchmal sollte aber auch das Schweigen dein intensivster Ausdruck sein.

Stichwort: Das Unhörbare

Der Suchende fragt:

Meine Tage sind angefüllt mit Gehörtem, häufig aber auch mit Unerhörtem.

Ich ertaube am Lärm der Straße, am Stimmengewirr der Menschen, an der allgegenwärtigen Hintergrundmusik des Geschäftigen, an der monotonen Sprache der Informationstechnik.

Wie kann es mir gelingen leise zu werden, obwohl ich das immerfort an mich Herangetragene und mich Bestimmende höre?

Der Besonnene antwortet:

Für dich, wie für alle, die noch zu lauschen gelernt haben, gibt es „ununterbrochene Nachrichten, die aus der Stille sich bilden " (Rilke).

Still werden bedeutet dann innehalten, um für mich zu sein, das unerwünscht Gehörte zum Außengeräusch zu degradieren, es kommen und gehen zu lassen, es lediglich zur Situation gehörend zu erklären.

Das entschiedene „Es geht mich nichts an " schafft Raum für die für mich wichtigen Botschaften.

Ein bekanntes zen-buddhistisches Koan lautet: „Höre das Klatschen der einen Hand ".

Das Unhörbare wird im meditativen Lauschen zum richtunggebenden Signal.

Daher schätze das nur für dich Hörbare, das dich leise werden lässt.

Stichwort: Geheimnisse

Der Suchende fragt:

Als Kinder haben wir oft mit den Spielkameraden und Freunde in verschworenen Gemeinschaften gelebt.

Wir haben uns unter dem Gebot der absoluten Verschwiegenheit Geheimnisse mitgeteilt („... und nicht weitersagen! ").

Wir waren Wissende und gleichzeitig Geheimnisträger.

Als Erwachsener suche ich diese Haltung und diese Erfahrung.

Wie kann es mir gelingen, das Geheimnisvolle im Leben wieder zu entdecken?

Der Besonnene antwortet:

Mache dir zunächst wieder deutlich, dass du in einer Welt voller Wunder und Geheimnisse lebst.

Begib dich auf vielfache Entdeckungsreisen, allein oder wie früher in intimen Gemeinschaften.

Werde wieder neugierig wie die Kinder, die alles erkunden und herausfinden möchten.

Beobachte, berühre und erfasse die Welt.

Sie wird dir Faszinierendes preisgeben und auf ihre Weise mitteilen.

Wisse auch, dass du selbst Träger tiefer Geheimnisse bist.

Tauche deshalb häufiger in deine eigenen Tiefen ab.

Erfahre in deiner Imagination Unsichtbares und Unhörbares.

Bewahre aber auch eine Haltung deiner Kindertage: Teile die Geheimnisse des Tages und der Nacht nur „Verschworenen " mit!

Stichwort: Widersprüche

Der Suchende fragt:

Ich hörte, mein Leben sei wichtig, aber Leben existiert allein menschlich milliardenfach.

Ich hörte, mein Handeln besitze Bedeutung, aber ich merke, dass sich kaum jemand dafür interessiert.

Ich hörte, dass ich geliebt und gebraucht würde, aber ich gehe um die nächste Straßenecke und niemand wird mich mehr kennen oder ansprechen.

Ist es von Bedeutung, wenn eine Ameise nicht in den Ameisenhügel zurückkehrt?

Der Besonnene antwortet:

Gerade die Widersprüchlichkeit des Lebens macht seine Bedeutung aus.

In die Masse Mensch, durch die Geburt hineingeworfen, erfährst du dich bald in deiner Einzigartigkeit und Selbstherausforderung, etwas aus dir zu machen.

Du schaffst über deine Eigenwilligkeit, soweit dir Freiheiten gewährt werden, deine Handlungsräume, in denen man nur dich wiedererkennen wird.

Du darfst jedoch nicht in die Normalität der anderen eintauchen.

Du solltest der erkennbar „Einzelne" werden und damit ein Leben führen, das dich zur besonderen Kreatur werden lässt; als Person gefragt und als Individuum geliebt.

Stichwort: Metaphysik

Der Suchende fragt:

Warum existiert die Welt?

Gibt es einen absoluten Anfang und ein unausweichliches Ende allen Seins?

Haben wir Menschen eine besondere Aufgabe im Ablauf der Weltgeschichte?

Wer definiert das absolut Gute und was beinhaltet diese Idee an Handlungsvorschriften?

Gibt es ein allgemeingültiges Verständnis von Schönheit?

Ich will Wissen über mich hinaus erlangen.

Welche Wege soll ich gehen?

Der Besonnene antwortet:

Du stellst die ewigen Fragen der Menschheit.

Die Antworten umfassen eine gesamte Geschichte der Philosophie und der Naturwissenschaften.

Du wirst dir deine Erkenntnisse zusammensuchen müssen, indem du dich mit den Erkenntnis- und Geisteshaltungen und den unterschiedlichen Auffassungen der großen Denker beschäftigst.

Deine Fragen zeugen von deinem metaphysischen Interesse.

Erlaube dir also immer zu fragen.

Du brauchst nicht unbedingt Antworten zu finden!

Stichwort: Wissen

Der Suchende fragt:

Nicht selten komme ich mir in meinem Leben wie ein Erstklässler vor.

Mühsam erlerne ich das Lesen und Rechnen.

Ich fühle mich dem immensen Wissensvorrat gegenüber überfordert.

Was kann ich lernen, was kann ich wissen?

Welche Energie soll ich aufbringen um Wissen zu speichern, das mit meiner Endlichkeit wieder vergehen wird?

Soll ich die Unwissenden beneiden, denen es gelingt, einfach in den Tag hineinzuleben?

Der Besonnene antwortet:

Als geistbegabtes Wesen wirst du wissensdurstig geboren.

Neben der Muttermilch brauchst du früh geistige Nahrung.

Als Kind stelltest du allen Menschen Fragen, wolltest alles wissen.

Warum willst du dir deine Lebensneugierde im Erwachsenenalter verbieten?

Natürlich wird dein Wissenshorizont begrenzt sein.

Unterschätze aber nicht die Kapazitäten deines Verstandes, nutze sie.

Vor allem aber schätze dich selbst als wissenden Menschen.

Selbst das Wissen um dein Nichtwissen verleiht dir eher Weisheit als Dummheit.

Und über dies: Du kannst und sollst dein Wissen weitergeben, es wird nie mit deinem Tod verloren gehen.

Darum: Wage jederzeit, Wissen zu wollen!

Stichwort: Chaos und Kosmos

Der Suchende fragt:

Die Chaos-Theoretiker nehmen einen ursprünglichen absoluten Unordnungszustand der Welt an.

Bedingt durch zufällige Prozesse und Begegnungen entstanden im Verlaufe von Jahrmillionen natürliche Ordnungen der Planetensysteme und auch des irdischen Lebens.

Gefragt wird weniger nach einem ordnenden Geist oder Plan oder nach einem ersten unbewegten Beweger.

Wenn ich mein Leben ähnlich deute, werde ich dann aus einem Ursprungschaos zum Zeitpunkt meiner Zeugung eine eigene Ordnung entwickeln müssen oder kann ich auf einen ordnenden Willen oder Geist vertrauen?

Der Besonnene antwortet:

Du bewegst dich immer in einem Kontinuum von Unordnung (Chaos) und Ordnung (Kosmos).

Verstehe deine Lebensaufgabe als eine sich stets zu unterschiedlichen Zeiten wiederholende, sowie auch zu übernehmende Ordnungsaufgabe.

Es bleibt dir überlassen, ob du dich als einsamen ordnenden Geist verstehst, annimmst und alleine (Fort)Bewegung anstößt.

Du darfst auch Hilfestellungen erwarten und akzeptieren.

Vergiss jedoch niemals: Es ist dein Lebensauftrag, aus „deinem" (wiederholten?) Chaos „deinen" Kosmos herauszubilden!

Stichwort: Syllogismen

Der Suchende fragt:

Mathematiklehrer fordern die schlussfolgernden Denkweisen.

Sie demonstrieren Beweisführungen und prüfen und bewerten den logischen Nachvollzug.

„Wenn A = B ist und B = C, dann muss A = C sein ".

Der „Erfinder " dieser syllogistischen Denkweise ist Aristoteles.

Er verstand es meisterhaft, menschliche Grundfragen logisch zu analysieren und Antworten quasi/mathematisch zu konstruieren.

Ich möchte ein Lebenslogiker werden.

Wie und wo kann ich diese Fähigkeiten erlernen?

Der Besonnene antwortet:

Vermeide zunächst einen häufigen Fehler der Lebenslogiker.

Erschöpfe dich nicht in Theorien.

Entferne dich nicht von und aus deinem Alltag.

Lebe und handle syllogistisch.

Erprobe einfache Alltags-Syllogismen:

Konstruiere z. B. eine Antwort auf die folgende Lebensfrage:

Ich will wissen, ob ich ein gutes Leben führe.

Ich behaupte: Menschen, die ein gutes Leben führen, suchen und finden die Sinnenfreude.

Also will ich ein Leben „in Saus und Braus" führen.

Es gibt andere einfache und doch wichtige Lebens-Syllogismen:

Ich bin ein Mensch. Alle Menschen müssen sterben. Also ist auch mein Leben endlich ··· und daher eine ständig mich angehende Selbstherausforderung.

Übe weitere Syllogismen ein!

Stichwort: Lebensringe

Der Suchende fragt:

Im Wald arbeiten die Holzfäller.

Ich erlebe mit einer gewissen Trauer die Ergebnisse ihrer Tätigkeit.

Die Bäume, über Jahrzehnte gewachsen, fallen nach wenigen Minuten.

Wir nehmen uns vom natürlichen Leben das was wir brauchen.

Dies scheint der vorgeschriebene Plan der Natur zu sein.

Sofern wir unser Brauchen nicht zu weit und zu verschwenderisch definieren, wollen wir es rechtfertigen.

Ich möchte gerade deswegen meine mit-lebendige Haltung bewahren.

Ich betrachte die glatte Schnittfläche des gestürzten Baumes, seine Lebensringe.

Lebe ich auch mein Leben in wachsenden Ringen?

Der Besonnene antwortet:

Du hast die Verbindung mit dem Leben um dich herum nicht verloren und willst sie auf keinen Fall aufgeben.

Du erlebst das Leben in seiner vielfachen Gestalt, auch im gewollten Töten und Sterben.

Auch hier kannst du entscheidende Erfahrungen für dich sammeln.

Du fragst nach den Lebensringen.

Du vergleichst dein körperliches und seelisches Wachstum mit dem Gewachsenen dieses Baumes.

Du nimmst im innersten Ring noch das zarte und leicht zu brechende Leben wahr.

Mit zunehmendem Alter gewinnt das Leben eine Überlebensstärke und wird zum Symbol des Mächtigen und des zum Himmelstrebenden.

Lasse auch dein Leben in Ringen wachsen!

Stichwort: Steile Wege

Der Suchende fragt:

Viele Tage bewältige ich mit ihren Herausforderungen nur noch unter erheblichen Anstrengungen.

Ich möchte dann nicht selten erschöpft aufgeben.

„Ich schaffe es nicht mehr ".

Warum tue ich mir diese Qual an?

Ich erwarte und fordere mir Leistungen ab, will es mir beweisen.

Ich will auch scheinbar unüberwindbare Wände ohne Hilfe übersteigen.

Ich verfolge verbissen, nur mir alleine verpflichtet, meine steinigen Lebenspfade.

Warum will ich mir mein Leben nicht leichter und einfacher gestalten?

Der Besonnene antwortet:

Der Mensch wächst mit seinen selbst gewählten Zielen.

Je mehr du von dir und von deinem Leben erwartest und erreichst, desto höher sind deine Selbstachtung und dein Selbstwertgefühl.

Du bist Etwas, du erreichst Etwas, du strebst immer wieder Großes an.

In der Regel wirst du im Leistungssport unter vernünftiger Steigerung der Belastung auch deine Ziele erreichen.

Du solltest aber deine Grenzen kennen und anerkennen.

Vielleicht existiert neben dem einzigen steinigen und steilen Pfad, den du gewählt hast, auch ein anderer Weg, der dir ebenfalls deine Richtung weist.

Du darfst es dir dann leichter machen, ohne aufzugeben.

Überdies, auch der harte Untergrund deines Weges könnte dir durchaus nützlich sein.

Denn das Steinige birgt Festigkeit und Sicherheit.

Du wirst nicht versinken.

Stichwort: Durst

Der Suchende fragt:

Könnte ich in der Teilwelt verdursten, in der ich leben darf?

Die Vorstellung erscheint absurd.

Ich kann eine Vielfalt von Getränken kaufen und mich an ihnen satt trinken.

Ohne Probleme für meine Gesundheit fürchten zu müssen, darf ich den Wasserhahn aufdrehen und mir soviel Leitungswasser nahezu kostenlos nehmen wie ich möchte.

Trotzdem erlebe ich in meinen Tag- und Nachtträumen die Angst vor meinem Durst und vor meinem Tod durch Verdursten.

Wie kann und soll ich diese Alpträume deuten?

Der Besonnene antwortet:

Deinen Durst, obwohl dir genug zu trinken angeboten wird, wirst du anders löschen müssen.

Diesen Durst wirst du niemals mit Getränken stillen können.

Du wirst in deinen Träumen mit deinem Lebensdurst konfrontiert.

Offensichtlich zeigen dir deine Ängste, dass du zu wenig von diesem „Getränk" für dich bevorratest und zur Verfügung hast.

Du solltest dich aber glücklich schätzen, dass der Signalgeber in dir noch funktioniert.

Der Durst nach Leben fordert dich zu Haltungsänderungen auf.

Vielleicht wird es dir dann sogar eines Tages gelingen, trunken von der Fülle deines Erlebten zu sein.

Stichwort: Form des Lebens

Der Suchende fragt:

„Ich bin in der Form meines Lebens ", spricht der Leistungssportler und ich werde sehr nachdenklich.

Welche Form fordert er sich ab?

Ich habe meine noch nicht gefunden.

Kann und darf ich meinem Leben eine Form oder ein Format vorgeben?

Gibt es für mich und auch für die anderen solche Leistungsnormen?

Sollte ich meine Existenz wie einen Kuchenteig in eine Form gießen und mit ansehnlichem Ergebnis als fertiges Werk präsentieren und bewerten lassen?

Der Besonnene antwortet:

Du wirst der Lebensaufgabe nicht entgehen können, dir eine Form zu geben.

Dementsprechend darfst du die Aussage des Sportlers geringfügig aber sinnverändert abgewandelt übernehmen: „Du selbst gibst dir die Form des Lebens ".

Schon Aristoteles arbeitete mit diesen Metaphern.

Das Leben ist wie jegliche Materie zunächst „Stoff ".

Wenn Bäcker, Schreiner oder Schneider mit ihnen zur Verfügung gestellten unterschiedlichen Stoffen arbeiten, geben sie ihnen jeweils eine kreative Form, die diesen Stoff dann für den Menschen verwendbar und verwertbar macht.

Nimm deine „lebenshandwerkliche " Herausforderung an.

Gib auch deinem, dir zur Verfügung stehenden Stoff deine einzigartige Form!

Stichwort: Bauplan der Psyche

Der Suchende fragt:

Ich begegne mir selbst und meinen Gefühlsregungen nicht selten befremdet, manchmal angenehm erstaunt und überrascht.

Bin ich das wirklich?

Besitze ich diese emotionalen Fähigkeiten?

War das eine meiner Reaktionen?

Ich möchte mehr erfahren über meine Gefühlswelt.

Wie bin ich seelisch konstruiert?

Gibt es in mir so etwas wie eine Affektlogik, basierend auf einer Gemütsstruktur?

Bin ich lediglich das Ergebnis eines Sozialisationsprozesses oder haben meine Gefühlsregungen eine jeweilige Momentbedeutung?

Der Besonnene antwortet:

Vielleicht möchtest du einen der „alten Griechen" um Rat bitten.

Aristoteles überlieferte uns einen basalen Bauplan der Seele. Sie bestünde seiner Meinung nach aus 3 unsterblichen Teilen, aus der Vernunft, aus dem Gefühl und aus den Wünschen.

Diese uralte Lehre erscheint verblüffend modern.

Auch du wirst deine Reaktionen und deine inneren wie äußeren Regungen zunächst verstehen, wenn du sie in Kategorien einordnen kannst.

Ist dieses Verhalten mit deiner Rationalität, mit deinen Triebansprüchen oder mit deiner Herzenswärme/-kälte zu erklären?

Welche Bedeutung haben die jeweiligen Anteile in deinem Seelenkonstrukt?

Könntest du Aristoteles auch im Punkt der Unsterblichkeitsforderung folgen?

Werden Vernunft, Trieb und Gefühle deine aktuelle Gestalt als Weltvernunft, Weltwille und Weltgefühl überdauern?

Stichwort: Tautologien

Der Suchende fragt:

Tagtäglich höre ich von mir Begegnenden Kommentare wie: „... ist doch alles klar!" oder „... ist doch logisch!" oder „... ist doch selbstverständlich!".

Für mich sind die Dinge dann leider nicht so klar, logisch oder selbstverständlich.

Mache ich mir meine Probleme selbst?

Lebe und denke ich zu kompliziert?

Es gibt Tag und Nacht im Ablauf der Zeit, dies erscheint für viele tautologisch.

Für mich ergeben sich unmittelbare Denkanstöße.

Und wenn die Nacht zum Tag und der Tag zur Nacht wird ···?

Sollte ich mein Denken vereinfachen?

Der Besonnene antwortet:

Du kannst dich auf die einfachen Alltagsdeutungen deiner Zeitgenossen einlassen und sie unhinterfragt übernehmen.

Vielleicht machst du dir dann das Leben weniger schwer.

Du lebst es ab, das ist doch selbstverständlich, oder?

Du darfst aber auch grundsätzlich alles infrage stellen und möglicherweise individuelle Sinn-Antworten finden.

Vielleicht wirst du dich nicht immer mitteilen können oder auch das Unverständnis der anderen erleben.

Mach es dir trotzdem zur Regel, das sogenannte Selbstverständliche erklärt wissen zu wollen.

Häufig verbergen sich darunter Ideologien und Machtansprüche an dich.

Lasse dir dann durchaus den Vorwurf gefallen: „Das ist ja tautologisch! "

眼光

Erkenntnisse

Stichwort: Zufälliges

Der Suchende fragt:

Kann ich mein Leben planend steuern, um Sicherheit zu gewinnen?

Soll ich mir Konstrukteurleistungen für meinen Alltag abverlangen?

Bin ich meines Glückes Schmied oder soll ich darauf warten, dass Fortuna ihr Füllhorn über mich ausschüttet?

Werde ich hoffend warten dürfen?

Der Besonnene antwortet:

Situationen passieren, einfach so!

Du wirst als Ingenieur deines Lebens Schwierigeres leisten müssen als in der Welt des Zirkuskünstlers.

Übernehme die Rolle des Clowns, des Artisten, des Dompteurs deines Lebens.

Beobachte das pulsierende Leben um dich herum.

Glücksmomente werden sich wie reife Früchte pflücken lassen, ohne dass jemand außer dir selbst Besitzansprüche stellen darf.

Ergreife den Tag, erfahre dein Glück!

Stichwort: Gewohnheiten

Der Suchende fragt:

Für den Menschen ist es stets verlockend, an dem festzuhalten, was er gewohnt ist.

„Ich habe mir angewöhnt, dass ··· ", dies ist auch meine liebste Erklärung für meine Entscheidungen.

Gewohntes gibt mir Sicherheit und lässt mich weniger anstrengend leben.

Darf man mich zur Aufgabe von Gewohnheiten bewegen?

Ist persönliche Entfaltung nur über das Zulassen des Ungewohnten möglich?

Der Besonnene antwortet:

Natürlich darf dir niemand untersagen, nach deinen Gewohnheiten zu leben.

Sollten sie dir gänzlich genommen werden, würdest du die seelische Krankheit der Regel- und Normlosigkeit hinnehmen müssen.

Überlege dir aber gut, wie weit du dich durch selbst verordnete Routinen einengst und die Entfaltungsräume deines Lebens versperrst.

Die Möglichkeit deiner Existenz ist im Ungewohnten zu Hause.

Wenn du die schützenden Wände deines Hauses verlässt, könnte dir bisher Ungeahntes begegnen, das dich mit Glück und Lebensfreude erfüllt.

Darum suche häufiger die Faszination des Ungewohnten!

Stichwort: Erwartungshaltungen

Der Suchende fragt:

Was kann ich von mir, von anderen oder vom Leben erwarten?

Bringen mich das forschende Verlangen und die Auflistung von Wünschen in der Selbstentwurfsarbeit weiter?

Erweckt die Erwartung Lebensenergien und -anstrengungen?

Was ist die Folge, wenn ich eine Erwartungshaltung an mich entwickle und nicht weiß, wo es hingeht?

Sollte ich die Erwartungslosigkeit einüben?

Der Besonnene antwortet:

Wenn du den Kern des Phänomens und deine Frage nach der Bedeutung von Erwartungen erfassen willst, musst du warten können.

Warten setzt nicht notwendigerweise Eigenes voraus.

Wenn es dir gelingt, absichtslos zu warten, wirst du weder inneres noch äußeres Verlangen, noch dadurch ausgelöste Unruhe erfahren.

Selbst wenn von dir entwickelte Lebenserwartungen in dir Antriebe wecken, könntest du dich dem möglichen Scheitern ausliefern.

Denn du wirst dazu herausgefordert sein, eigene Ziele und Erfolgskriterien zu definieren.

Du gehst also recht in der Annahme, dass du vorrangig die Erwartungslosigkeit als Lebensziel angehen solltest.

Stichwort: Ewigkeiten

Der Suchende fragt:

Wie kann ich hinter dem Jetzt das Ewige erreichen, hinter der Gegenwart die Unendlichkeit?

Ich erlebe mich oberflächlich in der Kurzzeit-Sinnsetzung existierend.

„Ergreife den Tag", habe ich als Lebensdevise der Gegenwart kennengelernt.

Ich aber will das Unendliche, das Überschreitende, das immer schon Vorhandene für mich begreifen und gewinnen.

Finde ich einen Zugang zur Ewigkeit?

Der Besonnene antwortet:

Das Ewige existiert, sowohl unabhängig von dir, als auch zum gefälligen Gebrauch freigegeben im Übergang in dir.

Du kannst und sollst es als Hauch des Weltatems, als Zirkulieren des ewigen Wandelns, als inneren Gleichgewichtszustand der umfassenden Ordnung begreifen.

Wenn du das Begreifen allerdings fehl deutest und es als Auftrag zur Rationalisierung verstehst, wirst du dir den Zugang zum Ewigen versperren.

Verstand und Vernunft vergewaltigen Ewigkeiten.

Dein Geist wird sein System umsetzen wollen.

Die Seele hingegen nimmt an und nimmt teil.

Deshalb wird nur dem Seelenmenschen der Zugang zur Ewigkeit erlaubt sein.

Stichwort: Dialektik

Der Suchende fragt:

Als Schüler mussten wir Besinnungsaufsätze schreiben: These: Was spricht dafür - Antithese: Was spricht dagegen?

Wie kann Gegensätzliches sich in der Synthese zu Neuem entwickeln oder entwickeln lassen?

Ich erfahre diese Dialektik in mir, im Alltag und im Weltgeschehen.

Darf ich mich diesen inneren und äußeren Prozessen überlassen?

Ist es erlaubt, mich von der Dynamik der Gegensätzlichkeit tragen zu lassen?

Der Besonnene antwortet:

Du selbst lebst als Ergebnis widerstrebender und gegeneinander aufgestellter Kräfte in dir.

Jedes Organ wird von Aktionen und Re-Aktionen gesteuert.

Gleichgewichtszustände werden im ständigen Gegen- und Miteinander erreicht.

Ebenso solltest du deine geistigen und seelischen Prozesse deuten und dich ihnen überlassen können.

Wachheit und Müdigkeit sind einander entgegen gestellt, es sind notwendige Zustände deines Bewusstseins.

Unordnungen erwecken deinen ordnenden Geist.

Tiefstimmung sehnt sich nach Hochstimmung.

Anpassung und Aufbegehren gehören zusammen.

Jede Form der Vernachlässigung oder des Verbotes eines Gegenspielers zerstört die Selbstbestimmungsprozesse.

Daher: Erlaube dir ein dialektisches Leben!

Stichwort: Begreifen

Der Suchende fragt:

Menschen versuchen seit jeher, die Welt und sich selbst zu erklären.

Sie analysieren, reflektieren, theoretisieren.

Ich bin verwirrt, was ich angesichts der Vielfalt der Deutungen und Erkenntnisse für mich übernehmen und annehmen soll.

Manchmal sehne ich mich nach der Naivität der Einfältigen, die einfach leben, ohne sich erklären zu müssen.

Wie kann ich das, was ich für mich wissen will und brauche begreifen?

Der Besonnene antwortet:

Wie schön, dass du den Naiven beneiden kannst, denn auf diesem Wege suchst du die Weisheit des Ursprünglichen, des Primitiven (besser: des Primären).

Du sehnst dich nach dem Status des Kindes, das mit sich spielerisch versunken leben darf.

Wer zu viel begreifen will, der gibt die Unmittelbarkeit des Lebens auf.

Die Welt soll reduziert werden auf Gesetze und erklärbare Prozesse.

Es kommt aber darauf an, Mensch und Natur einfühlend zu verstehen.

Im Erklären überhörst du dich selbst und entfernst dich von der Welt.

Im Verstehen tauchst du in sie ein und füllst sie mit deinem geistigen und seelischen Leben.

Stichwort: Wollen

Der Suchende fragt:

Der Satiriker stellt mir von ihm selbst beantwortete Fragen:

„Was willst du mit dir tun? "

„Nichts, wie zweifellos an deiner ziellosen Lebensweise zu erkennen ist. "

„Warum wiederholst du dann kontinuierlich Dasselbe? "

„Weil du es willst, und das immer wieder! "

Ich finde keine eigene sinnvolle Antwort auf die Provokation des Satirikers.

Ich muss ihm eher zustimmen.

Wie kann ich mit meinem ständigen Wollen leben, ohne es mit Eigenem aufzufüllen.

Der Besonnene antwortet:

Der Satiriker verfolgt in der Regel eine gute Absicht.

Er will deine Kritik und dich selbst wecken.

Darum nimm zunächst seine Worte an.

Natürlich existierst du von den ersten Tagen deines Daseins an als „Wille".

Im Kleinkindalter überwiegt für jeden ersichtlich das Wollen, die Vernunft.

Im Erwachsenenalter verbrämen wir das in uns „Wollende" mit anderen Verhaltensweisen.

Wir haben dann verstanden, uns zu kontrollieren.

Aber die Begrenzung des Willens schafft noch keine Orientierung.

Das „Nichts" musst du auf andere Weise bekämpfen, mit Positionen und Haltungen, die du zu dir und zum Leben einnimmst.

Stichwort: Irrtümer

Der Suchende fragt:

Oh wie peinlich, ich habe mich geirrt!

Wenn ich ehrlich zu mir und zu den anderen sein wollte, müsste ich diese Entschuldigung nicht selten aussprechen.

Ich bin Meister im Behaupten und im gewinnenden Diskutieren.

Ich kann meine Auffassung den anderen plausibel machen und sie überzeugen, ohne dass ich es letztendlich weiß.

Daher fühle ich mich immer wieder unwohl, wenn ich mir eingestehen muss, ein „Blender " zu sein.

Wie kann ich es erreichen, zu meinen Irrtümern zu stehen?

Der Besonnene antwortet:

Du wirst niemals die Sicherheit der Erkenntnis erreichen.

Gewissheit ist eine der großen Illusionen der Menschheit.

Sie führt in der Regel zur Indoktrination.

Gestatte dir die Begrenztheit deiner Wahrnehmung und deiner Einsichtsfähigkeit.

Erlaube dir aber auch Vermutungen, Annahmen und Experimente in deinem Alltag.

Du darfst erkennend versagen, sofern du den Mut hast, dies einzugestehen.

Wie jeder andere, darfst du Irrtümliches zu- und aufgeben und dich durch andere zeitlich begrenzte Mythen des Gewissens lenken lassen.

Beachte und schätze deine Unzulänglichkeit!

Stichwort: Bescheidwissen

Der Suchende fragt:

Angenommen ich lasse mich auf ein Experiment ein, dass mir ein gescheiter Mensch vorgeschlagen hat.

Ich beschrifte ein Pappschild mit dem Satz „Ich weiß Bescheid ", hänge es mir um den Hals und bewege mich als Plakatträger in der Öffentlichkeit.

Wie werden die mir Begegnenden reagieren?

Werden sie abschätzig lächelnd vorbeigehen?

Werden sie mich verwundert und interessiert betrachten?

Werden sie mich ansprechen und mehr wissen wollen?

Der Besonnene antwortet:

Die Wahrscheinlichkeit wird nicht sehr groß sein, dass du aufgefordert wirst, dein Wissen mitzuteilen.

Du wirst Gefahr laufen, als Verkünder eines Glaubens gesehen zu werden, vor dem man sich eher schützen sollte.

Wirst du tatsächlich von Wissbegierigen angesprochen, fühle dich auf zweierlei Weise zuständig und auskunftsbereit.

Du hast dich den Fragen zu stellen, die das Wissen um die Welt und um den Menschen betreffen.

Deine Sätze beginnen dann mit den Worten:
„Ich weiß, dass ... ".

Du könntest aber auch nach den Zugängen zu einem glücklichen und erfüllenden Leben gefragt werden.

Dann solltest du deine Antworten einleiten mit:
„Ich weiß wie ... ".

Habe den Mut dich den anderen zu stellen!

Stichwort: Hiersein

Der Suchende fragt:

Auf einem Karikaturbild sieht man einen herumirrenden Menschen.

Er steht mitten in der Wüste vor einem einsamen Plan, auf dem auf einer leeren Fläche nur ein einziges Kreuzchen zu sehen ist. Ein Pfeil weist auf dieses Kreuz: Hier stehst du!

Ich erschrecke vor dieser so treffenden Darstellung des mit seiner nicht festgelegten Existenz Herumirrenden.

Mir geht es oft auch so, dass ich von leeren Hinweisen enttäuscht und verzweifelt bin.

Wer gibt mir einen Plan für mein Leben?

Welche Richtung soll ich einschlagen?

Droht mir das Verdursten, wenn ich einfach weitergehe?

Der Besonnene antwortet:

Vielleicht hast du dich zu sehr auf den leeren Plan und das einsame Kreuzchen in der Karikatur konzentriert.

Der entscheidende Hinweis für dich sollte der Satz sein: „Hier stehst du, hier bist du!"

Hier findest du dich zunächst selbst.

Hier findest du deine Position, hier legst du den Standort und den Ausgangspunkt deines Lebensweges fest.

Du musst und wirst die Richtung bestimmen.

Sie kann falsch sein, das ist dein und unser aller Lebensrisiko.

Du brauchst aber auf jeden Fall zunächst diese Erfahrung, dieses „hier zu sein".

Denn erst durch dieses Erlebnis erfährst du die Begegnung mit dir selbst und mit deinem dich lenkenden Selbst.

Stichwort: Wege der Seele

Der Suchende fragt:

Ein mit sich selbst und in seinem Leben zweifelnder und verzweifelter Mensch wandte sich mit der Frage an mich:

„Welcher Weg ist meiner Seele vorgegeben? "

Ich konnte ihm keine zufriedenstellende Antwort geben.

Auch ich kenne den Weg meiner Seele nicht.

Ich habe versucht, in mich zu gehen.

Aus „tiefster Seele " wollte ich erfahren, ob ich mich auf dem richtigen oder auf dem falschen Lebenspfad befinde.

Doch meine Seele blieb sprachlos. Sie redete nicht mit mir.

Wie kann ich seelische Zustimmung erfahren?

Der Besonnene antwortet:

Du solltest zunächst das Schweigen deiner Seele als Bestätigung deiner Lebensentscheidungen annehmen.

Sie begehrt nicht auf, schickt dir keinen emotionalen Protest, keine körperlich oder psychisch ausgestaltete Verweigerung, wenn du dich auf dem rechten Lebenspfad bewegst.

Deine Seele kennt nicht nur einen Weg.

Du solltest daher die Richtung nicht erfragen, die ihr und dir vorgegeben ist.

Sie wird dich auf allen Wegen begleiten, die du im Einklang mit dir und der Welt gehst.

Die seelische Bestätigung findest du dann in deiner Lust und Hochstimmung, wenn du wie auf einer beglückenden Wanderung unterwegs bist.

Stichwort: Höhen und Tiefen

Der Suchende fragt:

Die Weisen behaupten, dass ich mit der Einkehr in mich selbst und im Einklang mit mir selbst sowohl das „Tiefste" wie das „Höchste" erfahren kann.

Zunächst fällt es mir schwer, diesen Widerspruch zu begreifen.

Wie lässt sich in der Tiefe die Höhe erfahren, in der Höhe die Tiefe?

Kann aus den theoretischen Konstrukten und der alleinigen Vorstellung ein Erleben werden?

Auch die Formen und Methoden der Einkehr sind mir nicht ausreichend bekannt.

Wer wird mich einweisen?

Der Besonnene antwortet:

Die meisten Suchenden begehen einen Kardinalfehler: Sie wollen zu früh das Höchste oder Tiefste erfassen und definieren.

Zu früh heißt, bevor sie die eigenen Tiefen- und Höhenerfahrungen gesucht und in ersten Begegnungen Spuren gefunden haben.

Die Gegensätzlichkeit von Tiefstem und Höchstem kannst du nur in dir selbst aufheben.

Das Beglückende des Ein- und Abtauchens in die tiefe Selbsterfahrung verschafft dir ein nicht zu beschreibendes Leichtigkeits- und Hochgefühl.

Du wirst dich getragen und erhaben, tief verankert und frei schwebend erfahren.

Aber: Du musst dich dir selbst öffnen und deinem Selbst!

Stichwort: Geburtslotterie

Der Suchende fragt:

Viele Menschen träumen vom Lottogewinn. Sie spielen wöchentlich mit nicht sehr hohem Einsatz, aber mit immerwährenden Hoffnungen auf die ausgewiesenen Millionen.

Ich muss gestehen, dass ich auch hin und wieder der Versuchung nicht widerstehen kann und einen Einsatz wage.

Natürlich weiß ich, dass die statistische Chance zu gewinnen geringer ist als vom Blitz getroffen zu werden.

Aber vielleicht habe ich im Leben ja einmal Glück!

Handle ich irrational?

Der Besonnene antwortet:

Du scheinst nicht das Problem zu haben, dich für die Rationalität oder für die Irrationalität zu entscheiden.

Wahrscheinlich tust du sogar gut daran, den Vernunftanspruch in deinem Alltag häufiger zurückzustellen und unvernünftig zu sein.

Du willst dich auf diese Weise unreflektiert und frei leben lassen, und dies sei dir erlaubt.

Du machst aber einen anderen gravierenden Fehler: Du strebst das wenig Wahrscheinliche an, obwohl du es längst besitzt.

Du gehörst seit deiner Geburt zu den glücklichen Gewinnern.

Dir wurde, ohne eigenen Einsatz, die Lebensgewinnsumme eines Glücksspielers zugeteilt.

Du bist der große Gewinner in der Geburtslotterie!

Stichwort: Seelenkrankheiten

Der Suchende fragt:

Neulich besuchte mich ein Freund und teilte mir sichtlich erregt mit, dass er laut Auskunft seines Arztes seelisch krank wäre.

Ich zeigte mich ähnlich betroffen, wollte Näheres über seine Situation und seinen seelischen Zustand erfahren.

Wie ist die Pathologie des Seelischen feststellbar und kategorisierbar?

Wie lassen sich gesunde von kranken seelischen Reaktionen und Konstrukten unterscheiden?

Wer gibt die Leitlinien für ein intaktes Seelenleben vor?

Wo finde ich, auch für meinen Freund, erste Antworten?

Der Besonnene antwortet:

Die Psychiater geben eine pragmatische Antwort, wenn sie seelisch Krankes von Gesundem unterscheiden wollen.

Seelisch krank ist derjenige, der unter seinem Gemütszustand leidet und andere unter den Konsequenzen seines Handelns leiden lässt.

Musst du dir demnach das Leiden verbieten oder anderen gegenüber nur Gutes tun, wenn du dich als seelisch gesund einordnen und erleben willst?

Ab welcher Grenze sind deine Tiefstimmungen, Ängste, Ordnungsvorstellungen pathologisch?

Du solltest auch die Tiefen und die drohenden Abgründe deines Seelenlebens erfahren, um deinen Weg zu finden.

Wenn deine diagnostizierte seelische Störung einer Lebenskrise zuzuordnen ist, könnte sie vielleicht notwendig sein, damit du dich neu aus- und einrichten kannst.

Stichwort: Unendlichkeit

Der Suchende fragt:

Kürzlich benötigte ich einen behördlichen Nachweis.

Ich hatte mich in eine lange Reihe Wartender einzuordnen und vor allem Geduld aufzubringen.

Von einem der vor mir Aufgereihten erfuhr ich, dass er auch vor einer Woche schon unendlich lange habe anstehen müssen.

Ich nahm das wörtlich.

Wie muss es für Menschen zu ertragen sein, wenn sie zum unendlichen Warten verurteilt sind?

Ist dann Endlichkeit nicht die bessere existenzielle Erfahrung?

Soll ich mir tatsächlich Unendlichkeit wünschen?

Der Besonnene antwortet:

Beide Kategorien, die der Endlichkeit und die der Unendlichkeit, entstammen der menschlichen Logik und geben dir gleichzeitig neue Fragen auf.

Darf Wahrheit endlich sein?

Muss das Gute letztlich in seiner absoluten Erfüllung einen unendlichen Anspruch haben?

Ist Zeit endlich oder unendlich teilbar?

Du beschäftigst dich über eine mathematische Logik mit deinem Leben.

Vielleicht solltest du eher einen anderen Zugang wählen. Denn du selbst wirst dem Paradoxon nicht entgehen können, Unendlichkeit zu wollen gleichzeitig aber vielfach Endlichkeit zu ersehen.

Darum misstraue häufiger deiner reinen Verstandeslogik.

相信

Glaubensfragen

Stichwort: Kreativität

Der Suchende fragt:

Die Christen geben sich in ihren Glaubensgrundlagen und -bekundungen eine grandiose Bedeutung:

Gott schuf die Menschen nach seinem Ebenbilde.

Darf ich mir in meiner ordinären Menschlichkeit anmaßen, wie der mutmaßliche Schöpfer aller Dinge zu leben und zu handeln?

Darf ich mich als „Schöpfer Mensch" verstehen und die Welt nach meinen Vorstellungen entwerfen und verändern?

Der Besonnene antwortet:

Du bist stets und in jeder Beziehung zur Welt und zu dir selbst schöpferisch tätig.

Du nimmst die Dinge mit deinen Sinnen wahr.

Du verarbeitest das, was du für wertvoll hältst mit deinen Wahrnehmungsmustern und mit deinen Vernunftkategorien.

Du bist zu jeder Zeit Subjekt und nie lediglich Objekt.

Selbst die banale Aufgabe, einen Kuchen zu teilen, kannst du kreativ ausführen.

Wenn du den Kuchen nach immer demselben Schema teilen willst, deine Alltagsmuster beibehalten möchtest, nimmst du das Geschenk „Kreativität" nicht an.

Erlaube dir daher, ein schöpferischer Mensch zu sein.

Stichwort: Schätze des Lebens

Der Suchende fragt:

Wo soll ich beginnen, nach dem Wertvollen meines/des Lebens zu forschen?

Gibt es Experten, die mich unterstützen und lehren können, den richtigen Weg zu finden?

Oder bin ich als Schatzsucher allein auf mich und meine Richtungsentscheidungen angewiesen?

Wer kann mir überhaupt sagen, welche Schätze verborgen und für mich erstrebenswert sind?

Der Besonnene antwortet:

Vergiss zunächst alles, was die geschäftige Welt, in der du lebst, als Schatz definiert.

Du wirst nicht im Gold und nicht im Geld dein Glück finden.

Im Streben nach dem materiellen Besitz wirst du ein ewig Suchender bleiben.

Wähle deine Lehrer wohlüberlegt aus und lasse möglichst viele von ihnen zu Wort kommen.

Erlebe aber auch dich selbst als Lehrenden und Lernenden.

Mit der Schatzsuche solltest du daher bei und in dir selbst beginnen, dann in und bei den dir nahestehenden Menschen und schließlich in dem dich vielfach beschenkenden Kosmos.

Bleibe dein Leben lang ein Schatzsucher!

Stichwort: Berufung

Der Suchende fragt:

Ich erlebe mich oft von dem, was ich in meinem Leben tue und leiste nicht zufrieden gestellt.

Auch wenn ich einem gut dekorierten und ausreichend honorierten Beruf nachgehe, erscheint mir mein Leben als nicht genügend ausgefüllt.

Ich glaube, mehr von mir verlangen zu müssen.

Kann ich das, was meine Tage an- und ausfüllt als Berufung verstehen?

Was inner- und außerhalb meiner Selbstbestimmung erweckt und definiert meine Berufung?

Der Besonnene antwortet:

Jeder Mensch darf sich mit dem Geschenk seiner Geburt als für das Leben berufen erfahren.

Er spürt in sich den Willen zum Leben, ebenso wie den Drang, Leben weiterzugeben.

Alle Zellen des menschlichen Körpers funktionieren in vorgegebenen Prozessen und Regelkreisen.

Nur in seiner Gesamtgestalt sucht der Mensch nach seinem generellen Funktionssystem, das er letztlich sich selbst aufgeben und vorgeben muss.

Wir sollten uns daher durchaus häufiger der Frage nach unserer Berufung stellen und uns den erweckenden Fantasien überlassen.

Aber merke: Berufung bedingt nicht notwendigerweise Größe, Beachtung oder gesellschaftliches Prestige.

Fühle dich zu dir selbst berufen!

Stichwort: Lassen und Gewähren

Der Suchende fragt:

Ein Satz, den ich häufig in meiner Kindheit hörte, lautete: „Lass das sein ... "!

Ich hatte damit Gebote zu akzeptieren, hinzunehmen, dass ich noch zu klein, zu unfähig oder einfach nicht befugt war.

Heute möchte ich diesen Satz anders deuten und mit Leben füllen.

Wie kann ich gerade über das Lassen und die Haltung des Gewährens mich selbst einordnen in das mir Vorgegebene, in das Umfassende und Unfassbare?

Der Besonnene antwortet:

Du gehst recht in der Annahme, dass du das Sein-Lassen nicht nur als Verbot, sondern auch viel eher als Chance verstehen solltest, dich den kosmischen Ordnungen innerhalb und außerhalb deines Selbst anzuvertrauen.

Wenn du dich lassen und überlassen kannst und wenn es dir häufiger gelingt, absichtslos zu sein, wirst du deine Lebens- und Selbstentfaltungsmöglichkeiten grundlegend erweitern.

Die Welt gewährt dir dann die freie Auswahl und den Zugriff zu vielfachen Sinnerfahrungen.

Übe das Lassen in möglichst vielen Situationen des Alltags ein und du wirst bemerken, dass dir Leben geschenkt wird.

Stichwort: Wiedergeburt

Der Suchende fragt:

Manchmal wünsche ich mir Lebensbilanzen zu ziehen.

Über lange Zeiträume habe ich dies versäumt.

Ich habe meine Tage verlebt, ohne weiter darüber nachzudenken, was mir wichtig ist.

Ich habe mich fremdbestimmen lassen.

Jetzt erschrecke ich mich, wenn ich feststelle, wie viel Lebenszeit ich möglicherweise vergeudet habe.

Wie sollte ich mein Leben ausrichten, wenn ich noch einmal leben dürfte?

Der Besonnene antwortet:

Du solltest zunächst nichts anderes tun, als ein einziges Wort zu betonen: Mein (!) Leben.

Welche Lebensmaximen willst du für dich wählen?

Willst du Freiheiten für dich reklamieren?

Wirst du die Einfachheit suchen?

Wirst du gefühlsbetont, vielleicht euphorisch leben?

Willst du wissen und erfahren?

Willst du umfassend lieben?

Wenn du deine Entscheidungen getroffen hast, prüfe, was du dir in deinem bisherigen Leben nicht hast geben können oder was dir versagt wurde.

Beginne dann schon heute dich zu verändern.

Deine Wiedergeburt beginnt jetzt und nicht nach deinem Tode!

Stichwort: Monaden

Der Suchende fragt:

Manchmal wird mir eine befremdende Selbsterfahrung bewusst.

Ich lebe mit vordefinierten Grenzen, abgeschirmt vom Rest der Menschen, in Einsamkeit mit mir selbst.

Ich führe ein „Monadenleben ".

Ausgestattet mit einer grundlegenden Selbstgenügsamkeit funktioniere ich für mich.

Mein Leben besteht aus inneren Prozessen des Füllens und Entleerens des systemerhaltenden Energieaustauschs.

Habe ich eine Chance mein Monadendasein zu beenden?

Der Besonnene antwortet:

Die Natur schreibt dir, wie jedem Lebewesen, ein Monadendasein vor, mit dem zunächst alleinigen Ziel der Selbsterhaltung.

Die Natur fragt nicht nach Sinn und Zweck.

Sie will einzig und lediglich leben.

Jedes Wesen spürt diesen Lebenswillen in sich und wird ihn auf seine Weise für sich umsetzen.

Du willst die einengenden Mauern deiner Eigenwelt überwinden?

Dein natürlicher Egoismus lässt sich aufheben, ohne dass du dich selbst aufgeben musst.

Öffne deine Ich-Grenzen.

Lass Leben einströmen, wo immer du willst.

Teile dein Leben unentgeltlich mit anderen, so wie die Blüte ihren Duft und ihre Schönheit verschenkt.

Du bist Leben inmitten von Leben!

Stichwort: Glaube

Der Suchende fragt:

Ich habe den Glauben an einen übergeordneten Sinn verloren.

Die Lehren der Religionen erreichen und überzeugen mich nicht mehr.

Ich erschrecke, wenn ich noch nicht einmal mehr an das Gute im Menschen und in der Natur glauben kann.

Auch wenn ich die weitestgehende und zugleich innigste Glaubensfrage stelle, reagiere ich ratlos: „Glaube ich an mich? "

Mir ist klar, dass ich Glauben nicht durch Wissen ersetzen kann.

Wie kann ich als Ungläubiger zum Glauben zurückfinden?

Der Besonnene antwortet:

Allein dein logisches Denken wird dir schon die Wege ebnen.

Du bist nicht in der Lage, nicht an etwas zu glauben.

Deine Vernunft kommt ohne die Kategorie der Annahme nicht aus.

Du wirst, wie du selbst feststellst, niemals ausschließlich durch Wissen deine Lebensentscheidungen begründen.

Du glaubst an dich, wenn du planst.

Du glaubst an das Positive im Menschen, wenn du dich entschließt in Gemeinschaft zu leben.

Du glaubst an eine irgendwie erreichbare Sinnhaftigkeit deines Tuns, sonst würdest du in Lethargie verharren wollen.

Du darfst auch an eine über dich hinausreichende Sinnhaftigkeit glauben, denn aus deiner Endlichkeit ein kosmisches Prinzip ableiten zu wollen, wird dir schwerfallen.

Stichwort: Selbstbestätigung

Der Suchende fragt:

Soll ich an die Hellsicht von Wahrsagern glauben?

Ich bin nicht selten überrascht, was diese geheimnisvoll in die Zukunft blickenden Zeitgenossen über mich wissen und herausfinden.

Sie kennen meine unausgesprochenen Wünsche, Ängste und Erwartungen.

Sie sprechen Wahrheiten über mich und meine Lebensdaten aus, ohne dass ich mich ihnen informativ geöffnet habe.

Sollte ich nicht doch ernst nehmen, was mir prophezeit wurde?

Der Besonnene antwortet:

Du solltest wissen, dass Wahrsager gute Laienpsychologen sind.

Sie lesen deine Zukunft weniger aus ihren Kristallkugeln oder aus den Linien deiner Hände.

Sie reagieren aufmerksam auf deine Mimik und Gestik und die von dir auf diesem Wege übermittelten Informationen.

Sie spiegeln das wider, was du selbst erwartest und erhoffst.

Du suchst auch auf diese Weise nach perspektivischer Sicherheit und das sei dir erlaubt.

Überdies bist du immer bereit, an das zu glauben, was dir schmeichelt und deinen geheimen Vorstellungen entspricht.

Nutze daher durchaus die Kunst der Wahrsager, um an dich selbst und an deine Zukunftspläne zu glauben.

Stichwort: Steile Wege

Der Suchende fragt:

Viele Tage bewältige ich mit ihren Herausforderungen nur noch unter erheblichen Anstrengungen.

Ich möchte dann nicht selten erschöpft aufgeben: „Ich schaffe es nicht mehr! "

Warum tue ich mir diese Qual an?

Ich erwarte und fordere mir Leistungen ab, will es mir beweisen.

Ich will auch scheinbar unüberwindbare Wände ohne Hilfe übersteigen.

Ich verfolge verbissen meine steinigen Lebenspfade, nur mir allein verpflichtet.

Warum will ich mir mein Leben nicht leichter und einfacher gestalten?

Der Besonnene antwortet:

Der Mensch wächst mit seinen selbst gesetzten Zielen.

Je mehr du von dir und von deinem Leben erwartest und erreichst, desto höher sind deine Selbstachtung und dein Selbstwertgefühl.

Du bist etwas, du erreichst etwas, du strebst immer wieder Großes an.

In der Regel wirst du im Leistungssport unter vernünftiger Steigerung der Belastung auch deine Ziele erreichen.

Du solltest aber deine Grenzen kennen und anerkennen.

Vielleicht existiert neben dem einzigen steinigen und steilen Pfad, den du gewählt hast, auch ein anderer, der dir ebenfalls deine Richtung weist.

Du darfst es dir dann leichter machen, ohne aufzugeben.

Überdies, auch der harte Untergrund deines Weges könnte dir durchaus nützlich sein.

Denn das Steinige bringt Festigkeit und Sicherheit.

Du wirst nicht versinken!

Stichwort: Lichtblicke

Der Suchende fragt:

An dunklen Tagen möchte ich oft nicht gerne aufstehen.

Ich verlasse vor Sonnenaufgang das Haus und kehre nach Sonnenuntergang zurück.

Mir fehlt das für den Aufbau und den Erhalt meiner positiven Grundstimmung biochemisch und psychisch notwendige Licht.

Der Serotoninmangel im Körper schiebt mich in einen depressiven Gemütszustand.

Die vielen künstlichen Lichtquellen haben einen anderen Zweck.

Sie sollen meinen Arbeitsplatz sowie Verkehrs- und Verkaufsflächen beleuchten. Auf diese Weise werden sie eher dem fremden, als dem eigenen Nutzen dienen.

Wie verschaffe ich mir mehr Licht?

Der Besonnene antwortet:

Licht ist nicht nur eine der zentralen Sinnmetaphern des Menschen, sondern eine seiner wichtigsten Lebensenergiequellen.

Am Anfang der Schöpfung entsteht Licht.

Die biblische Geschichte beginnt ebenso wie deine eigene mit dem „Licht der Welt".

Wenn sich für dich deine Stunden verdunkeln, stelle Lichterlebnisse gegen die gestörte Grundstimmung deines Empfindens.

Nimm dir z. B. Zeit für eine Lichtmeditation.

Entzünde eine Kerze, lasse dich von den Strahlen des Kerzenlichts, ihrer Wärme und Leuchtkraft erreichen.

Baue Verbindungen und Wahrnehmungsbrücken auf:

Suche, sei und werde Licht!

Stichwort: Halt finden

Der Suchende fragt:

Ich bin unachtsam, lege selbst- und gedankenverloren meine Wege zurück.

Meine Bewegungen erscheinen programmiert.

Nicht ich gehe, sondern es geht.

Ich nehme die Orte, an denen ich mich aufhalte, nur noch schemenhaft und bedeutungsleer wahr.

Unser übliches Grußverhalten spiegelt diese Tatsache wider: „Wie geht es? Nun, es geht. Man schlägt sich so durch! "

Plötzlich stolpere ich über irgendeinen achtlos weggeworfenen Gegenstand.

Ich verliere den Halt, stelle mit Mühe mein Gleichgewicht wieder her.

Muss ich häufiger straucheln, den Boden unter den Füßen verlieren, damit ich wieder bewusst mit mir und mit meiner Welt umgehe?

Der Besonnene antwortet:

Natürlich solltest du dir häufiger klarmachen, wohin du in deinem Leben gehen möchtest und wie du mit dir und deinem Alltag umgehen willst.

Du solltest auch einfach einmal für dich aufschreiben, was dich hält, wenn du zu stürzen drohst.

Wenn du jetzt eher ratlos reagierst, halte zunächst wenigstens an, gehe nicht einfach weiter.

Im Innehalten wirst du den ersten Halt in dir finden, vielleicht auch schon außerhalb deiner selbst.

Du wirst anders mit dir umgehen und vielleicht auch dein Grußverhalten ändern wollen.

Vielleicht grüßt du dann einmal indisch: „Namaste!" („Ich grüße den Gott in dir")

Stichwort: Naturkräfte

Der Suchende fragt:

Die Natur und die Natürlichkeit sind wieder gefragt.

Ich schaue mir in Dokumentationen brausende Wasserfälle, wütende Tornados und verheerende Fluten an.

Ich erfahre von der Schnelligkeit der Geparden, der Kieferkraft der Krokodile und der Bewegungsmasse der Nashörner.

Naturkräfte sind gewaltig im Vergleich zu den menschlichen Kräften.

Dennoch wäre es nur zweckvoll, sich in und bei der Natur zu bedienen.

Ein Reiseveranstalter wirbt für sein Reiseland mit dem Slogan:„Powered By Nature! "

Darf ich auf Überlebensstärke hoffen, wenn ich zurückfinde zu meiner Natürlichkeit?

Der Besonnene antwortet:

Das natürliche Leben faszinierte die Menschen in allen Zeitaltern der Geschichte.

Nachdem der Garten Eden als ursprüngliche Heimat verloren war, pries man das gelobte Land, in dem Milch und Honig fließt.

Rousseau forderte ein „Zurück zur Natur" ebenso wie die Kulturkritiker der beiden letzten Jahrhunderte.

Die natürlichen Kräfte zu nutzen, heißt aber nicht, die Ressourcen der Natur auszubeuten.

Kehre daher in ein verehrendes und achtsames Verhältnis zur Natur zurück.

Vielleicht folgst du schon heute einmal den Spuren des Heiligen Franziskus, der in seinem Sonnengesang alle Brüder und Schwestern der Natur ansprach und mit ihnen im Einklang leben wollte.

Stichwort: Dankeschön

Der Suchende fragt:

„Sag das schöne Wort ", dazu wurde ich als Kind häufig aufgefordert.

Ein Geschenk, war es noch so wenig bedeutend für mein kindliches Glück, musste mit einem „Dankeschön " angenommen und artig quittiert werden.

Ich zeigte mich manchmal ablehnend und verweigernd.

Die Wiederhergabe drohte.

Sie wurde dann von dem trotzigen Kind mit einem „geschenkt ist geschenkt - abgenommen, in die Hölle gekommen " beantwortet.

Ich muss sagen, bis heute freue ich mich über Geschenke und gebe sie ungern wieder her.

Aber zu danken fällt mir nach wie vor nicht immer leicht.

Kann ich Dankbarkeit lernen?

Der Besonnene antwortet:

Du sprichst ein Thema an, dass nicht nur Kinder etwas angeht.

Wir haben verlernt Danke zu sagen.

Viele Geschenke nehmen wir selbstverständlich und kommentarlos an.

Es geht dann in der Regel um wesentlich größere Geschenke als um das Spielzeug oder die Süßigkeit in Kindertagen.

Kannst und willst du das Geschenk deines Lebens noch achten, die Geschenke der mit Früchten auch für dich überladenen Natur, die Geschenke der Fürsorge und des „Für-dich-Daseins"?

Du musst nicht vor allen Menschen deine Freude über diese Gaben zeigen und auch kein artig-höflicher Mensch sein.

Aber sage häufiger einmal, auch leise für dich, Dankeschön!

Stichwort: Interpretationssachen

Der Suchende fragt:

Kann ich die Wirklichkeit mit allgemeingültigen Maßstäben wahrnehmen?

Könnte ich über den idealen Austausch mit den anderen eine gemeinsame Lebenswelt konstruieren, in der sich alle miteinander verständigen und verstehen?

Ich rede hier nicht von der Nivellierung der sozialen Unterschiede, sondern zunächst nur von der Möglichkeit eines geistigen Miteinanders.

Werden wir zu allen Zeiten, je nach Lebensansprüchen und aktueller Selbstverfassung, die Welt unterschiedlich interpretieren?

Der Besonnene antwortet:

Schon die frühe christliche Lehre nimmt deine drängende Frage auf.

Wie können wir uns nicht der Willkür der individuellen Deutung der Phänomene ausgesetzt begegnen und verstehen?

Das Pfingsterlebnis ist und war eine mögliche Antwort.

Die Menschen unterschiedlicher Herkunft trafen zusammen und sprachen plötzlich in einer Sprache.

Auch du kannst das wahrscheinlich erleben, wenn du über Themen redest, die uns alle betreffen, und wenn du mit den anderen darüber sprechen möchtest.

Es gibt universelle Herausforderungen, die jeden Menschen angehen.

Wir mögen Antworten in unterschiedlicher Sprache finden, aber die Herausforderung ist uns allen gemein.

Die gemeinsame Suche schafft Verständigung, nicht die gegebenen Antworten.

Alltagsbewusstsein

Stichwort: Sammlungen

Der Suchende fragt:

Wie ist es bei aller Verwirrung und Zerstreuung möglich, mich zu sammeln?

Nach welchen Leitlinien soll ich vorgehen?

Wo und wie kann ich mit meiner Sammlung beginnen?

Der Besonnene antwortet:

Entdecke und entwickle zunächst den Eifer und die Euphorie des Sammlers.

Sammle dich dann, indem du das für dich Unnötige aussortierst. Konzentriere dich dann auf das von dir für wichtig Erklärte.

Begib dich dann auf die Suche, getragen von deiner lodernden Sammelleidenschaft.

Sammle die Eindrücke, die dir der Erlebnisraum „Alltag" bietet. Betrachte, belausche, erfahre die Menschen.

Sammle aber auch deine Empfindungen, deine Wärme- und Nähegefühle, deine Erlebnisse der Geborgenheit und des Angenommenseins und vieles mehr, was sich in dir zu Wort meldet.

Du wirst eine einzigartige und unvergleichbare Sammlung anlegen können.

Stichwort: Genuss

Der Suchende fragt:

Ich erfahre jeden Tag als ein unermesslich großes Angebot an Sinneseindrücken, Handlungsimpulsen und Erlebnissen.

Trotzdem gelingt es mir oft nicht, die reichlich vorhandenen „Früchte " zu pflücken und als Geschenke des Lebens anzunehmen.

Warum kann ich die Welt, die Dinge und mich selbst in meiner Lebendigkeit nicht genießen?

Der Besonnene antwortet:

Genießen können ist eine positive Sinnesempfindung!

Prüfe daher zunächst, ob du dein Leben und deine Alltage, in für dich ausreichendem Maße, positiv gestimmt verbringst.

Du kannst die Menschen und das Tagesgeschehen zu jeder Zeit betrachtend für dich verändern.

Du kannst das rote Ampellicht zur untergehenden Sonne umwerten und genießen.

Du kannst Wartezeiten als Beobachtungs- und Erlebnischancen deuten.

Dir steht jederzeit die Auffüllung des Erlebten mit deinen Sinneswahrnehmungen offen.

Genießen kann daher für dich zur Sinnestat und gleichzeitig zum Sinnerlebnis werden, wenn du es nur willst.

Stichwort: Überlebenskämpfe

Der Suchende fragt:

Das Leben erscheint mir wie ein ständiger Kampf. Ich kämpfe mit mir; ich kämpfe gegen mich; ich kämpfe mit den anderen; ich kämpfe um Beachtung; ich kämpfe um mein seelisches und soziales Überleben.

Im Vergleich dazu muss ich seltener, dann aber nicht selten zu spät, um meine körperliche Existenz kämpfen.

Ist und bleibt das Leben ein ständiger Kampf?

Der Besonnene antwortet:

Betrachte die verschiedenen Erscheinungsformen und Qualitätsstufen des Kampfes.

Beginne bei dir selbst: Wenn du gegen dich selbst kämpfst, hast du in der Regel deine inneren Steuerungen verloren und die Weisungen deines inneren Sensors missachtet.

Kämpfst du mit dir, bist du nicht mehr dein eigener Begleiter, stehst dir selbst nicht mehr zur Seite, wenn du dich brauchst. Du kannst den Ausgleich und den Einklang auch in der Disharmonie erfahren.

Kämpfst du um Beachtung, scheinst du die Selbstachtung verloren zu haben.

Kämpfst du mit den anderen, hast du die eigene Kompetenz zu gering geschätzt, deine Fassungsstärke und deine Gelassenheit.

Kämpfst du um dein seelisches Überleben, hast du das innere Heil aufgegeben.

Kämpfst du um dein soziales Überleben, hast du das äußere Heil falsch interpretiert.

Darum: Das gelingende Leben braucht keinen Kampf!

Stichwort: Heimat

Der Suchende fragt:

Ich lasse mir sagen, dass ich ein Weltbürger bin.

Ich darf mich überall dort zu Hause und willkommen fühlen, wo mir Grenzen geöffnet werden.

Auch in meiner Geisteshaltung bin ich Kosmopolit.

Ich bediene mich dort, wo mir Erfüllung und Sinn bzw. sinnlicher Genuss angeboten werden.

Mein Streben geht jedoch in die entgegengesetzte Richtung.

Ich suche meinen Ort in dieser Welt.

Wo kann ich meine Heimat finden?

Der Besonnene antwortet:

Jeder Mensch sucht eine Beziehung zwischen sich, seinem Lebensraum und seiner Lebenszeit.

Er braucht in der existenziellen Festlegung Sicherheit und Verlässlichkeit.

Das Dasein ist in diesem Sinne ein zu Fixierendes.

Heimat wird für dich daher zunächst das Erkennen und das Aufsuchen deiner „Nah-Welt " fordern.

Diese spezifische Welt ist ständig bedroht durch die Entfremdung und Entwurzelung.

Lege dich fest:

Was oder wer steht dir nahe?

Wo, zu welcher Zeit, zusammen mit welchen Menschen erlebst du dich zu Hause?

Welche Symbole sind dir wichtig, wenn du dich heimatlich fühlen willst?

Suche daher möglichst bald deine Heimat!

Stichwort: Unterwegs

Der Suchende fragt:

Ich bin immer und überall in irgendeiner Weise beschäftigt.

Die immanente Forderung, mich nützlich zu machen, hält mich in Bewegung.

In mir scheint ein innerer Antreiber, ein Einpeitscher zu existieren, der stets „voran " ruft.

Ich spüre die Triebfedern in mir, das körperliche Verlangen, die Selbstherausforderungen und die Geltungssucht.

Wie kann ich in Bewegung bleiben, aber selbst zufrieden mit mir unterwegs sein?

Der Besonnene antwortet:

Wir sind seit der Geburt mit und zu uns aufgebrochen.

Wir tragen Körper, Geist und Seele durch Zeiten und Räume.

Stillstand bedeutet Starre, erteilt ein Wachstums- und Veränderungsverbot und bedeutet letztlich den sozialen oder biologischen Tod.

Wir sollen daher unser Leben lang unterwegs sein.

Wenn du dieses existenzielle Gebot für dich umsetzen willst, schätze zunächst die vielfachen, dir und deiner Wahl überlassenen, Wegstrecken.

Nimm wahr, was du auf dem Weg erlebst, wem du begegnest und welche oft wundervolle Vegetation deine Wege säumt.

Du erfährst dich dann als zufriedenen Wanderer, nicht als dir und dem Leben ausgelieferter Mensch.

Stichwort: Konsequent

Der Suchende fragt:

Meine Freunde und Kollegen kennen mich als konsequenten Menschen.

Ich setze mir klare Ziele, formuliere notwendige Arbeitsschritte, um sie zu erreichen und strukturiere durchgehend meine Tage.

Ich übe täglich die Selbstreflexion.

Jeder Nachtruhe geht das Tagesfazit voraus.

Zielerreichungsgrad: Mindestens befriedigend.

Die gute Note verschafft mir einen besseren Schlaf.

Nicht selten erlebe ich mich trotz meiner klaren Strukturen mit mir selbst und meinem Leben unzufrieden.

Lebe ich mit falschen Zielen?

Der Besonnene antwortet:

Es scheint weniger die Frage zu sein, unter welche Ziele du dein Leben und deine Tage stellst.

Deine Grundhaltung selbst wird dir nicht die erwartete Zufriedenheit bringen.

Du lebst ständig außen- und zukunftsorientiert, bist selten bei dir und in der „Jetzt" - Erfahrung.

Du bewertest dich in ökonomischen Selbstreflexionen.

Dein „Ich" sollte jedoch mehr umfassen als selbstwirtschaftliche Zielgrößen.

Unternimm einen Selbstversuch.

Lasse einmal für einen Tag deine gesamte Zielorientierung und damit dich selbst fallen.

Lasse dich treiben.

Erlebe die Herrlichkeit des Zufalls und die Schönheiten des offenen Alltags!

Stichwort: Empirisch

Der Suchende fragt:

Ich bewege mich in der Regel unhinterfragt durch meine Tagesabläufe.

Ich befolge Erwartungen, beachte Termine und bin darauf bedacht, nicht negativ aufzufallen.

Wenn ich die routinierten Muster hinterfrage oder gar auflösen möchte, brauche ich Alternativen.

Wie kann ich mich mit mir selbst begründen und entwerfen, wenn ich mich von den allgemeinen Handlungsmustern löse?

Welchen Zugang finde ich zu meiner Wirklichkeit?

Der Besonnene antwortet:

Du solltest dir zunächst die eigene Standsicherheit verschaffen, um dich ohne äußeren Halt positionieren zu können.

Mache dir klar, dass du mit einer angeborenen Intelligenz lebst, die dir als „freigelassenem Wesen der Natur" alle Möglichkeiten bietet, dich selbst zu entwerfen.

Nutze diese häufig ungeahnte Fülle, um dich selbst und um die Welt zu wissen.

Du hast dann die freie Wahl, die Kategorien deiner Intelligenz mit erworbenem Wissen anzureichern.

Du entscheidest, was und von wem du lernen möchtest.

Lasse es nicht zu, dass dir diese Freiheit ideologisch eingeschränkt oder genommen wird.

Du bist das unbeschriebene Blatt deiner geistigen Natur.

Beschrifte es mit eigenen Erfahrungen.

Denke und lebe empirisch!

Stichwort: Kleinigkeiten

Der Suchende fragt:

Ich höre mich häufiger sagen: Bedaure, diese Wohnung / dieses Auto / diese Portion ist mir viel zu klein.

Ich will Größe und Menge für mein Geld.

Bedeutung hat allein das Große und Eindrucksvolle.

Menschen bauen höchste Häuser um die Wette, unternehmen weiteste Reisen.

Man möchte unübersehbar imponieren.

Ich frage mich, warum erhält das Kleine nicht seinen ihm zustehenden Wert?

Wie kann ich statt Missachtung Achtung aufbauen?

Der Besonnene antwortet:

Du findest viele Beispiele, die dir helfen können, eine veränderte Grundeinstellung zu gewinnen.

Betrachte Großes und Kleines in den vielfachen Ausgestaltungsformen der Natur.

Ist der Bauplan der Mücke weniger eindrucksvoll als der des Elefanten?

Kannst du die tiefe Ergriffenheit erfahren, wenn du dir das komplizierte biochemische Funktionieren einer einzigen deiner Körperzellen vorstellst?

Vielleicht erinnerst du dich aber auch noch daran, wie du als Kind begeistert das Marienkäferchen betrachtet hast, das auf deiner Hand krabbelte und dann mit der Selbstverständlichkeit eines startenden Flugzeugs abhob.

Erlebe häufiger die Faszination des Kleinen!

Stichwort: Lebensangst

Der Suchende fragt:

Wie soll ich mit meinen immer wiederkehrenden Selbstverunsicherungen umgehen?

Ich erfahre diese Zustände äußerlich als Verdunkelungen des Lebens, als Einengungen meiner Initiativen und Perspektiven.

Innerlich nehme ich signifikante Veränderungen meines vegetativen Gleichgewichts wahr.

Ich spüre Atembeklemmung, Herzrasen.

Mich fröstelt, der kalte Schweiß steht mir auf der Stirn.

Alles in allem, ich begegne meiner Angst.

Ich kann keine Begründung für sie finden.

Wie kann ich meiner Lebensangst begegnen?

Der Besonnene antwortet:

Du wirst vergeblich nach einer rationalen Begründung deiner Angst suchen.

Deine Lebensangst stellt sich als emotionaler Zustand dar.

Sie besitzt kein Wovor.

Sie weist dir, als zunächst unverständliches Signal, notwendige Wege der Veränderung in deinem Leben und im Umgang mit dir selbst.

Deine Lebensangst solltest du als emotionales Äquivalent deiner dir aufgetragenen Korrekturen deuten.

Du darfst deine Ängste und Sehnsüchte verlauten lassen.

Du darfst um Hilfe rufen, denn du willst leben und überleben.

Deine Not solltest du nicht schamvoll verbergen.

Übe Überlebensschreie, nur dann kannst du Hilfe erwarten!

Stichwort: Nein, ich muss nicht

Der Suchende fragt:

Eines der am häufigsten gebrauchten Hilfsverben in unserer Sprache ist das Wort „müssen".

Alle Menschen meines Umfeldes müssen arbeiten, essen, schlafen, sich beeilen, zu Hause aufräumen, den Garten pflegen und vieles andere mehr.

Ich frage mich, was passieren würde, wenn ich die Redewendung „ich muss" aus meinem Alltagsvokabular streichen würde.

Vielleicht bleiben nur noch wenige, in der Regel intime Muss-Verpflichtungen übrig.

Wie würde mir die Rolle eines „Nein, ich muss nicht" - Menschen stehen?

Der Besonnene antwortet:

Du wirst in der Tat 90 % deiner „Muss " – Aussagen verändern können.

Versuche einmal stattdessen die Redewendung „ich entscheide mich für ··· " zu verwenden.

Du wirst schnell bemerken, dass du deine Tage wesentlich besser verbringen wirst, wenn du selbstbezogener und bewusster handelst

Jean-Paul Sartre behauptete, dass es für Menschen nur sehr wenige Situationen gibt, in denen sie sich nicht frei entscheiden können, sei es auch mit der möglichen Erwartung negativer Konsequenzen.

Achte auf deine veränderte Wahrnehmung und Selbstachtung:

„Ich entscheide mich zu arbeiten, zu essen, zu schlafen, aufzuräumen ··· vielleicht auch in letzter Konsequenz: Mein Leben achtsam abzuschließen. "

Stichwort: Bergende Dunkelheit

Der Suchende fragt:

Ich kenne dieses Verhalten aus meinen Kindheitstagen.

Ich ziehe mir die schützende Bettdecke über den Kopf und bin nicht mehr da, oder besser, für die anderen bin ich nicht mehr sichtbar.

Ich baue mir meine Höhle in der bergenden Dunkelheit.

Ich spüre mich eng mit mir und mit meinen Gefühlen verbunden.

Ich nehme die früheste eigene Haltung ein, die Embryonalhaltung. Ich erlebe mich mit mir und durch mich selbst versorgt.

Ich möchte auch als Erwachsener in diese Erfahrungswelt zurückkehren.

Wo kann ich die schützenden Orte finden?

Wo und wie kann ich das Bergende der Dunkelheit erfahren?

Der Besonnene antwortet:

Lerne zunächst wertzuschätzen, dass du die Dunkelheit nicht fürchtest, sondern dich in ihr verborgen erleben möchtest.

Wie die Natur ganz selbstverständlich die Nacht zur allseits verordneten Ruhe und Regeneration schaltet, solltest auch du mit einer gewissen Regelmäßigkeit den Rückzug unter deine symbolischen Decken suchen.

Vielleicht verdunkelst du einfach einmal die Räume, in denen du dich aufhältst, überlässt dich für kurze Zeit den schweifenden Gedanken und Gefühlen.

Wie anders könnte es sich gestalten, auch die Menschen deines Alltags im bergenden Dunkel zu erfahren, sie nicht mehr nur zu sehen.

Verordne dir Dunkelheits-Erfahrungen.

Schließe einfach häufiger deine Augen.

Stichwort: Verwöhnt

Der Suchende fragt:

Ich muss gestehen, ich war trotz einfacher früherer Lebensverhältnisse ein verwöhntes Kind.

Ich bekam die erhoffte Zuwendung und Liebe meiner Eltern.

Blieb am Monatsende einmal etwas Geld übrig, gab es ein kleines Geschenk.

Ich musste keine umfangreichen Arbeiten im Haushalt übernehmen.

Ein bescheidenes Taschengeld stand mir trotzdem zu.

Ich wollte auch im Jugend- und Erwachsenenalter meine Ansprüche in dieser Hinsicht nicht aufgeben.

Ich will mich vom Leben verwöhnen lassen!

Darf ich entsprechende Erwartungen haben?

Der Besonnene antwortet:

Jedes Kind erfährt die Tatsache seiner Existenz, die in der Regel von den Eltern gewollt war.

Wie jeder Erwachsene darf es den Anspruch stellen, vom Leben verwöhnt zu werden.

Wir reden wohl bemerkt vom Anspruch, nicht von der Realität.

Der Imperativ „Ich will verwöhnt werden!" darf dann aber auch in einen Handlungsauftrag rückübersetzt werden: „Du sollst verwöhnen!"

In der Gegenseitigkeit dürfte die Umsetzung dann nicht unbedingt schwierig sein.

Überdies müsste noch geklärt werden, auf welche Art und Weise und mit welcher Belohnung du verwöhnt werden möchtest.

Wie wäre es mit in der Regel erfahrbaren Ansprüchen:

Von der Sonne verwöhnt, von der Gesundheit verwöhnt, von dir selbst verwöhnt …?

Stichwort: Schmerzstiller

Der Suchende fragt:

Ich habe Schmerzen.

Der Schmerz dominiert meinen Tagesablauf.

Er überlagert alle positiven Erfahrungen und Begegnungen.

Ich ziehe mich zurück, verzichte und versage mir, was mir sonst Freude bereitet ··· schmerzbedingt.

Ich will mir gegenüber den anderen nichts anmerken lassen.

Ich will trotzdem funktionieren.

Auch das angebotene Mitempfinden hilft mir wenig.

Ich muss erdulden, hinnehmen, erleiden.

Ich erlebe mich wehrlos und ratlos.

Wenn auch das zuständige Fachpersonal meinen Schmerz nicht beeinflussen kann, wie kann ich mir selbst helfen?

Der Besonnene antwortet:

Betrachte den Schmerz als den Deinigen.

Er hat wie die Flächen eines Würfels unterschiedliche Betrachtungsseiten.

Dein Schmerz signalisiert sowohl einen Zustand deines Körpers, als auch deine psychische soziale Verfassung.

Dein Selbstbild, deine kulturellen und deine frühkindlichen Prägungen spielen eine wichtige Rolle.

Willst, darfst du ertragen oder um Zuwendung im Leiden bitten?

Erlebst und deutest du dich als bestrafte oder als heroische Kreatur?

Wer oder welches Verhalten verordnet dir Schmerz?

Ist dein Leid ein nur noch grenzwertig zu erduldendes Faktum?

Erlebst und deutest du einen „Auftragsschmerz"?

Merke: Außer den medikamentösen gibt es viele andere Schmerzstiller.

Stichwort: Gute Freunde

Der Suchende fragt:

Heute hat man mit Unterstützung durch die elektronischen Medien Hunderte von „Freunden ", denen man jedes Detail seines Alltags unmittelbar darstellt.

Ich hatte und habe nur wenige Freunde, die ich aber „gute Freunde " nennen möchte.

Sie sind für mich da, wenn ich sie brauche und ich verlange das Gleiche von mir.

Beste Freunde erleben und gestalten sich in der Gemeinsamkeit.

Ich frage mich, ob ich in diesem Sinne genug für meine Freunde tue.

Aber nehme ich mich auch selbst an die Hand und darf dann mein eigener Freund sein?

Der Besonnene antwortet:

Du hast die Eigenschaften eines guten Freundes treffend beschrieben.

Er ist für dich da, sowie du für ihn da bist.

Du darfst erwarten, was von dir erwartet werden darf.

Wenn du dein eigener Freund werden oder bleiben willst, lerne dich als Person wertzuschätzen.

Der gute Freund muss nicht durch sein Aussehen, seine externale Wirkung oder durch seine Position imponieren.

Er ist dir emotional nahe und hält sich nicht selten einfach nur dort auf bzw. steht dir dort zur Verfügung, wo du bist oder in deiner Wunschwelt sein möchtest.

Wende dich daher dem eigenen inneren Freund häufiger vertrauensvoll zu und sprich ihn gezielt an: „Mein lieber Freund ... "

Er wird dir zuhören und dir Hilfe anbieten, immer wenn du ihn brauchst.

Gutes und Böses

Stichwort: Nächstenliebe

Der Suchende fragt:

Was ist wahre Nächstenliebe?

Sollte ich mich den Bedürfnissen der anderen möglichst weit öffnen, für sie da sein und meine eigenen Ansprüche an das Leben zurückstellen?

Wie kann und darf ich barmherzig sein, vielleicht auch gegenüber mir selbst?

Der Besonnene antwortet:

Schon in der Bibel heißt es: „Liebe deinen Nächsten wie dich selbst ".

Ohne Selbstliebe wirst du weder einen anderen Menschen noch die Welt lieben können.

Fließe über vor eigener Liebe, die in deinem Seelenleben wurzelt und sich unaufhörlich entfalten kann und darf.

Finde deinen eigenen Zugang zur Barmherzigkeit, die durch das Phänomen des Schenkens und Sich-Verschenkens kernbestimmt ist.

Und schenken ohne Liebe ist nichts als Pflichterfüllung oder die Begründung von Gegenerwartungen.

Barmherzigkeit erhält immer nur in der umfassenden Liebe ihre Echtheit.

Stichwort: Vom liebenden Tun

Der Suchende fragt:

Wie kann es mir gelingen, liebend zu leben?

Ist es möglich, mein tägliches Handeln, meine Routinen und Pflichten wertzuschätzen und mit zärtlicher Anteilnahme anzunehmen?

Kann ich meine Sorgen und meinen Kummer, meine Lasten und meine Schmerzen lieben?

Kann ich von den Menschen meines Umfeldes verlangen, dass sie mich mit allen meinen Schwächen und Eigenarten lieben?

Der Besonnene antwortet:

Zunächst solltest du dich mit deinem Verständnis des Phänomens Liebe auseinander setzen.

Erlaubst du dir neben der nehmenden auch die gebende Liebe.

Trägt Liebe für dich erotische, freundschaftliche, verbindende oder karitative Züge?

Wenn du die Vielfalt des Lebens wahrnimmst und zulässt, wird es dir gelingen, nahezu jegliche deiner Handlungen mit Liebe auszuführen.

Du betonst dann die Liebe, die auf dich selbst und die Liebe, die auf den anderen gerichtet ist, die verlangende und die sich hingebende Liebe, die leidenschaftliche und die genießende Liebe.

Spiele selbst häufiger im Alltag deine Liebesspiele.

Stichwort: Verlieren und Gewinnen

Der Suchende fragt:

Wie kann ich damit umgehen, wenn ich im Leben verliere?

Kann ich in dieser Hinsicht Gelassenheit erreichen?

Sollte ich Situationen des Verlustes oder des Scheiterns mit Erfahrungen des Gewinnens und des Gewinns aufwiegen?

Gibt es eine reale existenzielle Chance, mich im Lebensfazit zum Gewinner und nicht zum Verlierer zu erklären?

Der Besonnene antwortet:

Kannst du dir vorstellen, der ewige Gewinner des Lebens zu sein bzw. zu werden?

Gewinnen und verlieren gehören zusammen wie die Helligkeit und die Dunkelheit des Tages.

Nur derjenige, der verlieren kann, weiß den Gewinn zu schätzen.

Überdies: Verluste des Lebens setzen Zielsetzungen voraus, die verfehlt werden oder verloren gehen können.

Wer keine Ziele erreichen will, kann keine Niederlagen erleiden.

Darum: Der Verzicht auf den definierten Lebens- und Alltagszweck entmachtet den Verlust.

Der gelassene und sich überlassende Mensch fordert sich nicht zum Gewinn auf.

Er ebnet sich die Wege zum Podest der Lebensgewinner.

Stichwort: Schuldig

Der Suchende fragt:

Habe ich im Leben die Chance, schuldfrei zu bleiben?

Wenn ich die Gesetze meines Landes und der Moral beachte, kann ich es verhindern, mir und anderen zu schaden, auch wenn dies ohne jeglichen Vorsatz geschieht?

Mache ich mich allein durch mein Existieren schuldig, dass nicht ohne negativen Einfluss auf andere Menschen bleiben wird?

Bin ich überall gegenüber jedem in jeder Form verantwortlich?

Der Besonnene antwortet:

Zunächst einmal werde ich dich schockieren müssen.

Du übernimmst schon mit deiner Geburt eine universelle Verantwortung.

Du hast die Erwartungen deiner Eltern zu erfüllen, die der Menschen, die dir privat und beruflich nahe stehen, die deiner Kinder und Enkel.

Du wirst überall und zu jeder Zeit Gefahr laufen, nicht zu genügen oder zu versagen.

Du darfst dies aber durchaus positiv deuten.

Du wirst gebraucht, deine handelnden und emotionalen Leistungen sind lebenslang gefragt.

Du lebst mit grundlegenden Selbst- und Fremdverpflichtungen in einem immanenten Sinn.

Schuldig machst du dich nur dann, wenn du deine egoistischen Ziele in den Vordergrund stellst und bewusst deine altruistischen Aufgaben verachtest.

Schuldig wirst du dann sowohl an dir selbst, wie auch an den anderen.

Stichwort: Gutes und Böses

Der Suchende fragt:

Wie finde ich eine moralische Orientierung in meinem Leben?

Ich spüre mich hin- und hergerissen zwischen meinen Ansprüchen an mich und den Anforderungen der Welt.

Ich vermag nicht zu unterscheiden, ob dass, was mir gut und gerecht erscheint, auch der Überprüfung durch eine, wie auch immer begründete Moralinstanz standhalten wird.

Wie kann ich herausfinden, was gut und was böse ist?

Der Besonnene antwortet:

Du solltest dir soweit wie möglich die sogenannte dualistische Sichtweise abgewöhnen.

Gutes und Böses lässt sich ebenso wenig eindeutig voneinander unterscheiden wie Helles und Dunkles, Schönes und Hässliches.

Du selbst definierst die Grenzen und die Inhalte.

Die Ratgeber findest du sowohl in dir selbst wie in den Reaktionen der Menschen.

Der kategorische Imperativ deines Gewissens fordert dich auf, stets so zu handeln, wie du selbst dies als allgemeines Gesetz formulieren würdest.

Du wirst deine innere Zustimmung oder Ablehnung erwarten können.

Die äußeren Ratgeber signalisieren dir ihre Wertungen über ein Lächeln, eine freundliche Geste oder vergleichbares Verhalten.

Merke: Es gibt auch absolute Vorgaben, die du dir erschließen kannst, wenn du über deinen Eigensinn hinausgehst!

Stichwort: Enteignung

Der Suchende fragt:

Im 14. Artikel unseres Grundgesetzes wird explizit das Recht jedes Bundesbürgers auf persönliches Eigentum beschrieben.

Enteignungen sind nur in begründeten Ausnahmefällen zulässig.

Ich sollte mich daher sicher fühlen - vor dem Gesetz.

In Wirklichkeit bemerke ich an mir aber wenig Eigenes.

Ich spiele die Rollen, die der Regisseur „Alltag " mir vorgibt.

Ich lebe angepasst an die Normalität.

Ich übernehme in der Regel die Mehrheitsmeinungen.

Habe ich mich enteignen lassen?

Wie kann ich mich selbstbehauptend wehren?

Der Besonnene antwortet:

Eigentum darfst und sollst du, wie du selbst bemerkst, nicht nur materiell, sondern auch geistig und seelisch verstehen und besitzen.

Dein geistiges Eigentum sind deine eigenen Welt- und Selbstdeutungen, deine eigenen sinnstiftenden Gedanken und deine individuelle sprachliche Entäußerung.

Dein seelisches Eigentum sind deine Gefühle sowie deine Erfahrungen immanenter Verankerungen in dir selbst und über dich selbst hinaus.

Darum wage es, dich in diesem Sinne zu präsentieren und dein Eigentum abzusichern.

Das bedeutet aber auch, dass du den Ansprüchen der anderen gegenüber offen bleibst, denn: Eigentum verpflichtet.

Stichwort: Respekt

Der Suchende fragt:

Ich bediene mich im Leben, wie in einem Supermarkt.

Ich kann fast alles haben, in der Regel zu einem erschwinglichen Preis.

Brauche ich das Ausgewählte nicht mehr, darf ich es achtlos wegwerfen bzw. zur Entsorgung freigeben.

Vieles scheint dann nicht mehr unbedingt erstrebenswert zu sein.

Denn, was nicht seinen Preis besitzt, das hat auch keinen großen Wert.

Kann ich nur noch Respekt vor dem Kostbaren und nicht jederzeit Verfügbaren gewinnen?

Der Besonnene antwortet:

Du zögerst und zeigst dich irritiert.

Du hast, wie viele deiner Mitmenschen, den Bezug zum Wertvollen verloren.

Ist nur der seltene Diamant etwas wert?

Welchen Gebrauchswert soll er besitzen?

Kannst du von Gold satt werden?

Wärmt teure Kleidung besser als preiswerte?

Kehre zurück zum Entstehungswert des täglich dir zur Verfügung stehenden.

Was investierte die Natur für das, was du essen und trinken darfst?

Welche Arbeitsleistung repräsentiert das Produkt, das du billig kaufen kannst?

Darum: Zeige Respekt, indem du einsichtsvoll lebst und achtsam konsumierst.

Stichwort: Vogelfrei

Der Suchende fragt:

Die Vögel des Himmels ernten, aber sie säen nicht.

Dies steht bekanntermaßen schon in der Bibel geschrieben.

Ich wünsche mir nicht selten ein solches Leben.

Ich könnte nehmen, was ich möchte, ohne dafür etwas leisten zu müssen.

Die Welt böte mir von ihren natürlichen Vorräten genügend zum sorgenfreien Überleben an.

Konnten die Menschen dies nur im paradiesischen Garten Eden erwarten?

In der Bibel wird, wie wir wissen, auch der Grund für den Verlust dieses sorgenfreien Zustandes genannt.

Adam und Eva wurden als „Kriminelle " enttarnt und des Paradieses verwiesen.

Könnte ich einer entsprechenden Abstrafung entgehen, auch wenn ich sündigte?

Der Besonnene antwortet:

Der italienische Philosoph Niccolò Machiavelli (nach ihm wurde eine Geistes- und Lebenshaltung der Skrupellosigkeit benannt) stellt eine solche Hypothese zur Diskussion.

Wie würdest du leben, wenn du mit allem, was du tätest ungestraft davon kämest?

Würdest du das Leben des „Wolfs unter Wölfen" führen und lediglich das Gesetz der Stärke hinnehmen?

Du solltest widersprechen!

In dir existiert eine moralische Instanz, die aus dir heraus dein Handeln bewertet.

Selbst wenn du die Strafe des Gesetzes nicht befürchten musst, welche Konsequenzen wird dein Gewissen für dich bereithalten?

Überdies: Auch die Vögel leben nach natürlich-vernünftigen, eigenen Maßstäben.

Stichwort: Kräfte des Klugen

Der Suchende fragt:

Die Zen-Meister des Fernen Ostens lehren mich, Sinn aus Paradoxien abzuleiten.

Mir fällt diese Aufgabe nicht leicht.

Ich denke logisch, konkret und konstruktiv.

Das Abstrakte zu deuten und zu nutzen ist schwierig, gleichzeitig aber auch faszinierend.

Ich setze mich über die üblichen Grenzen des Verstandes hinweg, eröffne mir neue geistige Zugangswege.

Ich beschäftige mich mit scheinbar Gegensätzlichem, das doch auf wunderbare Weise zusammenpasst und zusammengehört.

Wo finde ich entsprechende Denk- und Lebensanstöße?

Der Besonnene antwortet:

Nutze z. B. einen Gedanken von Rainer Maria Rilke als entsprechende Herausforderung:

„Wir wissen uns wunderbar geborgen, uns klugen Kräften hingegeben, dürfen uns getragen fühlen ⋯ ausgesetzt auf den Bergen des Herzens ".

Können Kräfte geistige Eigenschaften besitzen und klug sein?

Es ist nicht schwer, dies zu verstehen, wenn du auf der Suche nach den Fundamenten des Seins bist.

Geht es dann um die klugen Kräfte des Schöpfergeistes, denen du dich anvertrauen kannst?

Ausgesetzt auf den Bergen des Herzens erlebst du vielleicht die Erhabenheit der pulsierenden Liebe in und über dir.

Darum: Nutze die sprachlichen Paradoxien für deine Sinnsuche!

Stichwort: Strebsamkeit

Der Suchende fragt:

„Wer immer strebend sich bemüht ... ", der erhält in der Endabrechnung seinen gerechten Lohn.

Dies war einer der Lieblingsaussprüche meiner gottesfürchtigen, seligen Tante.

Vom Kindesalter an waren wir unhinterfragt fleißig, tüchtig und strebsam, wie es sich gehört.

Später verbanden wir diese indoktrinierte Grundeinstellung mit rationalen Argumenten.

Wer etwas erreichen will im Leben, der muss lernen und sich anstrengen.

Sehr spät, ich hoffe nicht zu spät, fällt mir auf, dass ich dadurch auch Wichtiges verdrängt und vergessen habe: Die Muße.

Wie kann ich wieder zur innerlichen Einkehr zurückfinden?

Der Besonnene antwortet:

Vielen Menschen ist heute das Wort „Muße" zum Fremdwort geworden.

Auch wenn sie nicht fleißig und strebsam arbeiten sind sie immerfort tätig.

Sie weisen dann Hobbys oder diverse sportliche Herausforderungen vor, die gesellschaftlichen Verpflichtungen oder die kulturelle Weiterbildung.

Du solltest die Strebsamkeit und das Tätigsein nicht minder bewerten, aber beides eingrenzen.

Die innere Einkehr wird dir selten in der Tüchtigkeit begegnen, aber in der Erfüllung deines Selbstauftrages.

Wenn du dann nur für wenige Minuten sitzen und die Augen schließen kannst, wird „Es" auch in dir zur Ruhe kommen und du wirst die Muße des Vollbringenden genießen.

Stichwort: Kindliches Glück

Der Suchende fragt:

Ich schaue den Kindern gerne zu, wenn sie spielen.

Sie stellen im kindlichen Rollenspiel Elemente unseres Alltags dar.

Sie spielen Berufe und Erwachsenentätigkeiten.

Ihre Interpretationen des Normalen stimmen mich dann nicht selten nachdenklich.

Auch wenn Kinder weltvergessen und „unproduktiv" spielen, beneide ich sie manchmal.

Sie setzen andere Lebensschwerpunkte.

Ich entdecke eine Unmittelbarkeit und unhinterfragte Sinnlichkeit in ihren Eigenwelten.

Wie schaffe ich es, wieder zum Kind zu werden?

Der Besonnene antwortet:

Du hast schon einige der wichtigen Parameter kindlichen Handelns genannt:

Die Unmittelbarkeit, die immanente Sinnhaftigkeit, die Weltvergessenheit.

Vielleicht willst du noch einige Verknüpfungen durch kindliche Lebensgefühle suchen:

Die Spontanität, den unbedingten Lebenswillen und die naiven Deutungen des Schönen und Wichtigen.

Vergiss aber vor allem eines nicht: In den Kindern ist das Zukünftige zu Hause, das du in deiner Alltagsgeschäftigkeit oft aus den Augen und aus dem Herzen verlierst.

Dein kindliches Selbst repräsentiert dein zukünftiges Zuhause!

Stichwort: Liebesgaben

Der Suchende fragt:

Wenn es um die Tugend des Gebens geht, fallen mir zwei Märchen ein, die dieses Thema mit unterschiedlichen, aus ihnen zu ziehenden Lehren behandeln.

Im Sterntaler-Märchen gibt ein armes Mädchen bis auf sein letztes Hemd alles her und wird dafür reichlich von den gütigen Mächten belohnt.

Die Prinzessin im zweiten Märchen verschämt es zunächst, den Frosch zu küssen. Als sie sich jedoch überwindet und sich selbst hingibt, erhält sie den verwandelten Prinzen als Hochzeitsgeschenk.

Ich habe in meinem Leben sehr wohl gelernt zu geben und erwarte nicht unbedingt, wie die beiden Märchenheldinnen, die reichliche Belohnung.

Welche Weise des Gebens ist die Rechte?

Der Besonnene antwortet:

Der Reiche gibt ohne weitergehenden Verzicht den zehnten Teil seines Einkommens oder Vermögens, und dies mögen große Werte sein.

Dem Armen fällt dies schwer, weil er von dem Wenigen, das er besitzt, nicht viel abgeben kann.

Wenn er aber von sich selbst gibt und nicht von seinen Eigentümern, vermag er zu schenken, vielleicht viel mehr als der Reiche.

Du solltest einen ähnlichen Weg einschlagen und eine Grundhaltung des Schenkens finden, in der du dich selbst als Geschenk anbietest, wie die Prinzessin im Froschkönig-Märchen.

Erst dann gibst du wirklich, unabhängig von den märchenhaften Konsequenzen.

Stichwort: Begegnungen

Der Suchende fragt:

Täglich halte ich mich in sozialen Räumen auf.

Ich treffe auf Menschen, die sich mehr oder weniger für sich selbst und nicht so sehr für mich interessieren.

Wir gehen in der Regel achtlos aneinander vorbei.

Nicht selten pflegen wir die schnellen geschäftigen Bewegungsmuster.

Schaue, wie ich zum nächsten Termin eile, noch schnell einen Einkauf erledigen muss, vielleicht einen flüchtigen Gruß hinüber werfe, wenn ich glaube Bekannte zu sehen.

Ich stelle fest: Ich habe keine Zeit für Begegnungen!

Was passiert, wenn ich eingeübte soziale Regeln missachte, meine Mit-Menschlichkeit entdecke und einfordere?

Der Besonnene antwortet:

Du stellst ein leider verbreitetes Übel unserer Tage fest: Wir geben uns keine Zeit, miteinander zu leben.

Was würde passieren, wenn du auf die an dich häufig gestellte, eher rhetorische Frage „Wie geht es dir? " ausführlich antworten würdest?

Würde sich dein Gegenüber entschuldigen, dass er gerade jetzt einen wichtigen Termin wahrnehmen müsse?

Könntest du selbst mehr Mit-Menschlichkeit entwickeln?

Einige nette Worte, ein „Dankeschön ", ein Lächeln, vielleicht nur ein interessierter Blick, könnten Beziehung herstellen.

Dann würde dein Alltag reicher.

Du würdest Menschen begegnen, nicht nur Passanten.

Beginne vielleicht nur erst mit einem Gruß!

Stichwort: Mit-Gefühl

Der Suchende fragt:

Mein Leben und seine Facetten sind voller Paradoxien.

Ich stelle mir einen Boxkampf unmittelbar vor dem Knock-out des Schwächeren vor.

Der kommende Sieger holt zum letzten entscheidenden Schlag aus und will gleichzeitig den Wunsch seines Gegners respektieren: „Aber mit Gefühl! "

Wir konkurrieren um Positionen und um Anerkennung, „aber bitte solidarisch ".

Wir verachten die „Loser " unserer Zeit, „aber bitte mit Verständnis ".

Wir ignorieren die Ansprüche der Bedürftigen, „aber bitte mitleidig ".

Kann ich das Unvereinbare in meinem Alltag beseitigen? Kann ich konsequent und im wahrsten Sinne mitfühlend leben?

Der Besonnene antwortet:

Die traditionellen Weisheiten des Buddhismus lehren uns, dass es nur eine grundlegende Verbindung zwischen den Menschen untereinander und in der Beziehung zum Kosmos geben kann, das Mitgefühl.

Die Betonung liegt auf beiden Wortbestandteilen.

Alles Leben soll als Mit-Leben gedeutet werden und auch als gemeinsames Empfinden und Erdulden.

Mitfühlen bedeutet daher gleichzeitig mitleiden.

Du wirst im Mit-Gefühl dich und die anderen nicht nur besser verstehen.

Du wirst näher mit allem Lebendigen in Kontakt kommen und es in vielen, dir vielleicht noch unbekannten Dimensionen erfahren.

Suche und stärke diese Erkenntnis- und Lebensquelle:

Leide und fühle mit!

Lebenshaltungen

Stichwort: Lebenslust

Der Suchende fragt:

Darf und kann ich einerseits in einer Welt der Fülle und andererseits in einer Welt der vielfachen Verelendung noch genießen?

Muss ich die Augen verschließen, wenn ich schwelgen möchte?

Wie soll es mir gelingen, ohne Schuldbewusstsein und ohne Selbstbetrug, das zu ergreifen, was sich mir bietet?

Der Besonnene antwortet:

Ich war da und genoss; ich war nicht raumnehmend und eroberte meine Welt; ich lebte nicht zeitraubend und hatte immer wenn ich wollte kurze und lange Zeiten für mich zur Verfügung; ich zeigte mich bestimmt-lächelnd und irritierte die Menschen.

War/bin ich ein Egoist?

Wer will mir mein Recht auf mein Leben und die damit verbundene Lebenslust absprechen?

Hilft es den Leidenden eher weiter, wenn ich mitleide oder wenn ich zeige, wie ich es für mich überwinde?

Stichwort: Kommunikation

Der Suchende fragt:

Wie kann es gelingen, einen Menschen kommunikativ zu erreichen wenn festgestellt werden muss, dass lediglich Selbstdarstellung als Ziel vorgegeben ist wenn wir miteinander reden?

Wird das, was wir Kommunikation nennen, dann zur Nicht - Kommunikation und schließlich zur reinen Organisation, zum rhetorischen „Ping-Pong-Spiel " heruntergebrochen?

Der Besonnene antwortet:

Wenn du mit einem Menschen aufrichtig kommunizieren willst, nimm dir vor, mit ihm ein gemeinsames Gedanken- und Sinngebäude zu errichten.

Ihr beide werdet als Baumeister gefordert sein, euch gegenseitig stützen und ergänzen, sowie mit Eifer der Fertigstellung eines „Aedificiums" (lateinisch: Bauwerk) entgegenfiebern.

Stichwort: Erfolg

Der Suchende fragt:

Soll ich Erfolg oder Erleben als Prinzip meiner Existenz wählen?

Ich beneide diejenigen, die es im Leben zu etwas gebracht haben.

Ich nenne sie „Vorzeigemenschen ".

Soll und kann ich mir abverlangen, Vergleichbares zu schaffen?

Ich beneide auch diejenigen, die sich vom Leben treiben lassen können, dort an- und innehalten, wo und wann sie möchten, um zu erleben und das jeweils Erfahrene auszuleben.

Wie soll ich mich entscheiden?

Kann ich beide Prinzipien miteinander verbinden?

Der Besonnene antwortet:

Beantworte dir zunächst die Frage, wie du deinen Lebenserfolg messen und bewerten willst.

Ist Erfolg in Geldwerten, materiellen Werten, Besitz oder Macht darstellbar?

Welchen Erfolg willst oder würdest du in der Stunde des Abschieds von der Welt, wem vorzeigen wollen?

Verstehst du es auch, wenig Spektakuläres zu erleben, wie deinen Atem, dein Schmecken, die Wärme, innere und äußere Harmonien, Schönheit und „Wunder"?

Vielleicht gelingt es dir auf diese Weise deine Verknüpfungsfrage für dich zu beantworten:

Du kannst, immer wenn du es willst, erfolgreich (er)leben!

Stichwort: Staunen lernen

Der Suchende fragt:

Ich lebe in einer Sinnes- und seelischen Verfassung des Selbstverständlichen.

Das alltäglich mir Gegebene und Gewährte nehme ich häufig teilnahmslos an.

Es gehört (zu) mir, natürlich, oder nicht ···?

Ich habe die Lebens- und Wahrnehmungsmuster des Kindes aufgegeben zu Gunsten der Geisteshaltung und des distanzierten Selbstverständnisses des Erwachsenen.

Ich habe verlernt, wissen zu wollen.

Wie kann es mir gelingen, das Staunen zurückzugewinnen?

Der Besonnene antwortet:

Allein dem Staunenden eröffnet sich das Grandiose dieser Welt.

Er erlebt die Unfassbarkeit der absoluten Größe und ebenso die perfekte Organisation des Kleinsten.

Er erfährt die konkurrenzlose und absichtslose Schönheit der Natur und die bis ins Detail vorgegebene Lebenslogik.

Er ist fasziniert von der Klangvielfalt und den Aromen des erwachenden Tages und von der überströmenden Wärme und Leuchtkraft der aufgehenden Sonne.

Er vermag Sinnes- und Sinn-Eindrücke unendlich zu verknüpfen und zu vernetzen.

Darum: Die Geburt der kosmisch verankerten Vernunft vollzieht sich im Staunen!

Stichwort: Glück

Der Suchende fragt:

Meine Alltage verlaufen in der Regel unspektakulär.

Ich arbeite, befriedige meine Grundbedürfnisse und verbringe meine übrige mir zur Verfügung stehende Zeit irgendwie mehr oder weniger aufregend.

Ich bin sozusagen ein „Leerraum-Füller ".

Momente des Glücks kenne ich nicht.

Wie kann ich mein Leben ändern, damit statt eines lediglich zufriedenen ein glücklicher Mensch aus mir wird?

Der Besonnene antwortet:

Du hast dir eine gute Grundlage für ein glückliches Leben geschaffen. Vielleicht solltest du eher sagen, dieser Zustand wurde dir geschenkt.

Du musst die Stunden deines Tages nicht ausschließlich damit verbringen, Überlebensbedürfnisse zu sättigen.

Die erste Stufe des glücklichen Lebens hast du damit ohne weitgehendes eigenes Zutun erreicht.

Du bist frei von Mangel, in der Regel auch frei von Leid.

Die schönen Stunden brauchen eine Basis der Zufriedenheit. Es kommt dann darauf an, wie du für dich Glück erfahren möchtest.

Bevorzugst du das Glück des Tüchtigen und willst dich über deine Leistungen freuen können?

Möchtest du vom Zufallsglück überrascht werden und 4-blättrige Kleeblätter finden?

Vielleicht suchst du aber einfach nur den gehobenen Gemütszustand, das kindliche Glück. Du darfst dich dann auch ohne Grund einfach glücklich fühlen!

Stichwort: Spiele

Der Suchende fragt:

Ich schaue den spielenden Jungen vor meinem Fenster zu.

Sie benutzen zwei Steine als Torpfosten und fühlen sich wie Profi-Fußballer, geben sich berühmte Namen und formieren zu Weltmeistermannschaften.

Ihr Spiel wird im Wettkampf zur ernsthaften Auseinandersetzung.

Die Spiele der Kinder unterscheiden sich nicht unbedingt qualitativ von den Spielen der Erwachsenen, wenn diese sich überhaupt spielend zulassen können.

Wie kann es mir gelingen, wieder ein Spieler des Lebens zu werden?

Der Besonnene antwortet:

Du bist wie jede Kreatur deinem Wesen nach ein Spieler.

Nicht im Ernst des Lebens erfüllen wir uns unsere wichtigsten Wünsche, sondern im spielerischen Umgang mit uns selbst, den anderen und den Lebensumständen.

Spiel im wahren Sinne verstanden, bedeutet Unbekümmertheit und Leichtigkeit.

Wir setzen phantasievoll Regeln außer Kraft und schaffen neue.

Du wirst deine Welt mit anderen Gehalten wahrnehmen, wenn du mit deinen Sinnen und mit deiner Kreativität spielst.

Erlaube dir wieder einmal, mit dir und den anderen zu spielen.

Erlebe dich dann als spielenden Menschen.

Stichwort: Kreativität

Der Suchende fragt:

Kürzlich hatte ich ein persönliches Erleuchtungserlebnis.

Wie Luftblasen aus der Tiefe des Wassers aufsteigen, erschienen mir drei Sätze als Lebensherausforderung, die mich lange beschäftigten:

Erkenne dich selbst!

Ergreife dich selbst!

Erschaffe dich selbst!

Der erste Satz ist mir als Orakelspruch von Delphi durchaus bekannt. Ich bin mit seinem Auftrag beschäftigt.

Den zweiten Satz versuche ich tagtäglich zu respektieren. Ich nehme mich so oft wie möglich selbst an die Hand.

Der dritte Satz jedoch bereitet mir Schwierigkeiten.

Wie kann ich mich selbst erschaffen, wenn ich von Geburt an fremdbestimmt existiere?

Der Besonnene antwortet:

Du hast Recht.

Du hast weder dich selbst, noch die Welt erschaffen.

Du hattest keinen Einfluss auf das biologische Werden deiner Person.

Sehr wohl wirst du dich psychologisch und sozial selbst gestalten, freilich in Wechselwirkung mit der Außenwelt.

Du wirst auch die Welt kognitiv selbst erschaffen.

Die Dinge an sich wirst und kannst du nicht erkennen und wirst sie so sein lassen.

Über deine Sinneseindrücke, deine Verstandestätigkeit und deine Vernunftkategorien bist du immer und überall kreativ tätig.

Du bist der Schöpfer deiner selbst, deines Selbst und deiner Welt.

Niemand wird dich daran hindern können.

Stichwort: Soziologisches

Der Suchende fragt:

Nicht nur im Menschentreiben der Großstädte erlebe ich, dass ich in einer Massengesellschaft lebe.

Ich besuche in vorgegebenen Freizeitstunden Veranstaltungen, Kultureinrichtungen oder sogenannte Konsumtempel.

Ich informiere mich über vordefiniert „Wahres" über die Massenmedien.

Ich suche die außengeleitete Bedürfnisbefriedigung.

Ich drohe unterzugehen in den Leitkulturen meiner Zeit und in daraus entwickelten Vorzeigemustern.

Habe ich eine Chance, der Bestimmung durch die anderen zu entkommen?

Der Besonnene antwortet:

Du bist immer und überall Teil des Großen Ganzen.

Du brauchst die Einbindung in ein Leben in Gemeinschaft um überleben zu können.

Eine komplette Autarkie ist zumindest in unserer Zeit nicht vorstellbar.

Damit musst du dich aber nicht selbst aufgeben.

Du kannst und darfst deine Alltagsrollen auswählen und in weiten Grenzen selbstangewiesen spielen.

Auch in vorgegebenen sozialen Räumen besitzt du weitestgehend Selbstgestaltungsmöglichkeiten.

Fordere deine Freiräume ein.

Stelle Regeln infrage.

Präsentiere dich positiv provokativ!

Stichwort: Glücksgeschichten

Der Suchende fragt:

Viele unserer Volksmärchen sind den Themen der menschlichen Glückserfahrung gewidmet.

Märchenhelden sind in der Regel Gewinner, auch wenn ihnen zunächst nur bescheidene Lebenschancen eröffnet werden.

Ich stelle mir vor, ich könnte wie „Hans im Glück" alles von mir werfen und die Leichtigkeit meines Daseins genießen.

Ich könnte wie das „tapfere Schneiderlein" aus Alltäglichem Heldenhaftes entwickeln.

Oder ich würde wie „Aschenputtel" arm und bescheiden zur Prinzessin erwählt.

Darf ich mein Leben märchenhaft gestalten?

Der Besonnene antwortet:

Dein Leben ist in der Tat immer auch ein Märchen.

Du erfährst dich Tag für Tag als Held deines Lebens.

„Jeder Mensch erfindet eine Geschichte, die er für seine Biographie hält " (Max Frisch).

Lasse dich also herausfordern als Autor deines persönlichen Glücksmärchens.

Erfahre, wie du das Negative zu deuten und in dein Lebensmärchen einbetten kannst, dass es in der Summe deiner Lebensereignisse Positives ergibt, wie bei unseren Märchenhelden.

Zögere nicht, jetzt damit zu beginnen, deine Glücksgeschichte(n) zu schreiben.

Stichwort: Zuschauer

Der Suchende fragt:

Ich kenne diese Situation und könnte sie an jedem Wochenende neu erfahren:

Wenige Akteure bewegen sich im Zentrum Zehntausender anderer, die um sie herum versammelt sind, ihre Gefühle zeigen und häufig alles besser wissen.

Zu jeder Zeit der Geschichte gab es diese „Zuschauer ", die letzte Kraftanstrengungen, Kampf und Leid forderten.

Wenn ich wählen könnte, möchte ich im Leben weder die Rolle des beobachteten Akteurs, noch die des passiven Zuschauers einnehmen.

Wie kann ich meine Zwischenposition finden?

Der Besonnene antwortet:

Mache dir zunächst klar, dass du immer und überall Zuschauer bist.

Du nimmst am Leben, ohne dass du dich dagegen stellen kannst, in jeder Hinsicht als Beobachter teil.

Auch die Welt steht in der Regel unablässig unter Beobachtung.

Sofern du die Achtung des Beobachters schätzen kannst, darfst du diese existenzielle Grundtatsache als Weisung und als Sinnauftrag verstehen.

Werde bzw. bleibe ein schauender und achtvoller Mensch.

Zuschauer des Lebens können eine durchaus positiv zu wertende Rolle für sich und andere übernehmen.

Stichwort: Stumm?

Der Suchende fragt:

Der Heilige Franziskus konnte bekanntermaßen mit den Vögeln reden.

Er verstand die Sprache der Sperlinge.

Er konnte aber auch viele andere Verständigungsarten der Menschen und der Natur wahrnehmen.

Ich möchte die Faszination des Stummen auch selbst erleben, möchte mich aus dem oft leeren Gerede zurückziehen und für sprachlose Begegnungen öffnen.

Wie kann ich es schaffen, häufiger nicht beredt, sondern schweigend zu betrachten und mich auf anderen Mitteilungsebenen auszutauschen?

Der Besonnene antwortet:

Auch das Lautlose ist niemals stumm!

Du musst sogar das Laute häufiger weg- und abschalten, damit du mit dem „auf andere Weise Ausdrucksvollen ", auf deine Art lautlos kommunizieren kannst.

Du wirst dann z. B. mit dem Baum sprechen, der sich mit seiner mächtigen Krone, trotz seines in weiten Anteilen freigespülten Wurzelwerks, noch stabil über der Uferböschung hält.

Er wird dir ein stummes Zeugnis des Selbsterhaltungswillens und der Überlebensstärke liefern und dich möglicherweise dialogisch mitnehmen.

Wenn du nicht redest, wird plötzlich vieles um dich herum dich ansprechen und sich dir mitteilen, nicht selten mit überlebenswichtigen Botschaften.

Stichwort: Entdecker

Der Suchende fragt:

Ich stelle fest: Die Zeitalter der Entdeckungen liegen Jahrhunderte zurück.

Die Erde ist bis in die letzte Region bereist und weitestgehend erforscht.

Auch mein Lebensumfeld ist mir allzu gut bekannt.

Ich finde mich nahezu mühelos zurecht, ich könnte behaupten mit geschlossenen Augen.

Auf den eingefahrenen Bahnen meines Alltags bewege ich mich routiniert.

Ich stelle jedoch fest, dass mich mehr und mehr eine Langeweile überkommt.

Mir fehlt das Unbekannte.

Ist es möglich, auch in meinem eher unspektakulären Alltag wieder Überraschungen zu erleben?

Der Besonnene antwortet:

Es gibt keine Region der Erde und auch keine Bewegungsräume in deinem Alltag, die nicht auf irgendeine Weise Interesse oder auch Faszination in dir wecken könnten.

Es kommt darauf an, welche Wahrnehmungsaufträge du dir erteilst.

Wer wird dir im nächsten Moment begegnen, wenn du spazieren gehst?

Was teilt dir der Gesichtsausdruck, die Körperhaltung, der Gang des dir Begegnenden mit?

Wenn du mit kurzzeitig geschlossenen Augen in der Bäckerei in der Schlange der Wartenden stehst, was löst der Wohlgeruch frisch gebackener Brötchen in dir aus?

Du kannst dir so viele Entdeckungsaufträge für den Alltag geben, dass du möglicherweise nicht nur die Zeit für deine Routinen haben wirst.

Beginne dein Entdecker-Leben jetzt!

Stichwort: Liebeskunst

Der Suchende fragt:

In der Ratgeber-Rubrik der Illustrierten habe ich wieder einmal einen Test gefunden.

Die fettgedruckte Kopfzeile fesselt mich: „Kannst du lieben?"

Ich absolviere die Textaufgaben mit mittelmäßigem Erfolg.

Bei den Antworten will ich hier und da ein wenig schummeln.

Ich will ein guter Liebhaber sein.

Ich überlege mir, wie ich meine Liebesfähigkeiten verbessern kann.

Sollte ich mich mit einschlägiger Literatur beschäftigen, Kurse besuchen oder einfach mehr üben?

Der Besonnene antwortet:

Auch wenn du einen weniger aufschlussreichen Zeitschriftentest nutzt, es ist gut, dass du dich mit dem (deinem?) zentralen Lebensthema Liebe beschäftigst.

Entdecke die Liebe jedoch zunächst als universelles Phänomen. Degradiere dich nicht zu früh zum Vollzugsobjekt des Liebhabers.

Die Kunst des Liebens ist vielfältig.

Sie spricht dich sowohl in der Erotik an, wie in der Ästhetik. Sie verbirgt sich in der tiefen Freundschaft ebenso wie in der Familienbildung.

Du wirst daher die Liebe und das Lieben nicht wie eine Sprache oder wie eine Technik lernen können.

Die Liebe lebt in dir und in jedem anderen Menschen wie eine wunderschöne kostbare Blume.

Behandle sie zärtlich und pflege sie, indem du sie täglich nährst.

Sie wird dann in dir wachsen und sich in dir in der vollen Blüte als Prinzip des Willens und der Gestalt der Schöpfung zeigen.

Stichwort: Fastenzeit

Der Suchende fragt:

Die Wochen vor Ostern waren für uns Kinder früher durch eine strikte Konsumregel bestimmt.

Es war Fastenzeit.

Alle Süßigkeiten wurden „konfisziert " und im Fastenglas gesammelt.

Fastenzeit hieß Leidenszeit und Mitleidenszeit.

Ich habe nie verstanden, warum ich für einen Menschen, der vor 2000 Jahren am Kreuz starb in der Gegenwart noch leiden sollte.

Ich wollte mich jeden Tag des Lebens freuen, auch über einen einfachen Dauerlutscher.

Macht es Sinn, Fastenzeiten zu propagieren und mir abzuverlangen, wenn ich nicht gerade unter Übergewicht leide?

Der Besonnene antwortet:

Du hast das Fasten als schmerzlichen Verzicht erlebt und deshalb auch nicht akzeptieren können, weil du selbst für diese Regel keinen Sinn ermitteln konntest.

Verzicht sollst und kannst du dir auch nicht einfach verordnen oder verordnen lassen.

Mit dem Willen zur Abstinenz öffnest du dir selbst andere Erfahrungsräume.

Du wirst dann bemerken, dass die Belohnung weit höher als der Einsatz in deiner Lebensbilanz verbucht werden kann.

Verzicht wird dann für dich zum Gewinn, so paradox dies auch für dich noch klingen mag.

Lege häufiger einmal eine Fastenzeit ein und erlebe die Tiefe des nicht-konsumierenden, sondern kontemplativen Lebens.

Stichwort: Zeitgeist

Der Suchende fragt:

Ich gehe mit dem Geist der Zeit.

Ich bin ein aufgeschlossener Mensch, offen für alles Neue, in meinen Meinungen nicht festgelegt.

Ich nehme alles auf und für mich an, was mir begegnet.

Ich bin frei von Vorurteilen gegenüber Andersdenkenden.

Ich will variabel, nicht festgelegt sein.

Sollte ich von mir behaupten, in diesem Sinne ein Freigeist zu sein?

Dann würde mir sehr schnell klar, dass ich ohne eigene geistige Verankerung hin- und hergetrieben werde.

Muss sich mein individueller Geist mit dem Zeitgeist auseinander setzen und eigene Positionen finden?

Der Besonnene antwortet:

Du arbeitest mit einem zunächst „zu definierenden " Begriff.

Was willst du unter dem Geist der Zeit verstehen, wo willst du den sogenannten Zeitgeist suchen?

Studierst du aufmerksam Presse und aktuelle Literatur, informierst dich über Talk-Shows und intellektuelle Diskussionszirkel?

Wahrscheinlich wirst du sehr bald bemerken, dass du selbst zu den Herausgeforderten gehörst, die den jeweiligen für sich arbeitenden Zeitgeist formen.

Du baust, in der geistigen Auseinandersetzung mit Zeitströmungen und Moden, deinen spezifischen Anteil am Geist deiner Zeit auf.

Vergeistige daher durchaus häufiger deine Alltage und lebe dein bewusstes Leben.

Gerecht leben

Stichwort: Wollen und Können

Der Suchende fragt:

Was ist schlimmer: „Ich will, aber ich kann nicht "
oder „Ich kann, aber ich will nicht "?

Wie gelingt es, die Energien des inneren und des kosmischen Wollens zu erfahren und zu nutzen?

Wie werden die selbst- und fremdgesetzten Grenzen und Antriebshindernisse zu überwinden sein?

Wie unterscheide ich „Wollen " und „Nicht-Wollen " ··· „Können " und „Nicht-Können "?

Der Besonnene antwortet:

In jedem Menschen existiert ein Anteil des umfassenden Wollens, das ihn antreibt zu atmen, sich selbst weiterzugeben und sich herzustellen in stets gelingenden Akten der Harmonie in sich selbst.

„Es atmet mich ", spricht der Wille in mir und verlangt das Können.

„Ich will " und „Es will " unterstützen einander.

Ist der individuelle Wille schwach, gilt es, den kosmischen Willen in mir zur Hilfe zu holen.

Damit wird die Reihen- und Rangfolge deutlich.

Das „Wollen " eröffnet und programmiert das „Können "!

Stichwort: Überwindung

Der Suchende fragt:

Wie kann es gelingen, Mauern und Wände zu übersteigen, ohne eine Leiter zu besitzen?

In meinen Tagen stehe ich oft vor unüberwindbaren Hindernissen.

Die Resignation ist mein häufiger Begleiter.

„Du kannst es nicht schaffen ", flüstert mein innerer Selbstkritiker.

Wie gelingt es mir, mich gegen diesen Tyrannen zu wehren?

Muss ich mit Gewalt Mauern einreißen?

Der Besonnene antwortet:

Merke: Der sanften Wege gibt es viele.

Du musst nicht mit unnötiger Energievergeudung Hindernisse überwinden.

Baue die Wände zu Wällen um, indem du kontinuierlich Erdreich und Taten aufschüttest, bis du bequem den ansteigenden Weg bewältigen wirst.

Nutze die gemeinsame Absicht und finde andere, die allein vor der gleichen, scheinbar unüberwindbaren Aufgabe stehen.

Bilde mit anderen Menschen Pyramiden und erlaube dir, ab und zu einmal auf der obersten Stufe zu stehen und die Mauern zu überwinden.

Stichwort: Lebensaufgaben

Der Suchende fragt:

Gibt es Aufgaben, die jeder Mensch in seinem Leben übernehmen und auf seine Art lösen sollte?

Wie kann ich herausfinden, worum es in einem zweckvollen Leben gehen muss?

Wer und wo sind die Aufgabensteller?

Darf ich mir eigene Aufgaben stellen?

Wer wird die Ergebnisse bewerten?

Wenn ich meine Aufgaben nicht erledige, muss ich dann mein Leben als gescheitert betrachten?

Der Besonnene antwortet:

Vergleiche dich mit einer der bekanntesten Gestalten der griechischen Mythologie:

Sisyphos wurde von den Göttern verurteilt, lebenslang einen schweren Fels einen steilen Berghang hinaufzubefördern und musste, wenn er den Gipfel erreicht hatte, immer wieder akzeptieren, dass der Steinblock auf der anderen Bergseite wieder hinunter rollte.

Man darf diesen Mythos als exemplarisch für die Sinnlosigkeit des Lebens deuten.

Sisyphos darf aber auch als stets beschäftigter, arbeitsamer und durch seine Aufgabe immer herausgeforderter Leistungserbringer wahrgenommen werden.

Wie deutest du deine alltäglichen Leistungen?

Willst du Aufträge und Aufgaben ablehnen oder sie als Herausforderung annehmen?

Gib dem was du (vielleicht immer) tust eine eigene Bedeutung!

Stichwort: Gelungene Tage

Der Suchende fragt:

Heute stelle ich mir eine einfache Aufgabe, die zugleich nicht so leicht mit einem Auftrag für mich zu verbindenden ist:

Ich nehme mir einen Tag des guten Lebens vor.

Ich bin mir aber nicht klar darüber, was ich damit erwarte und was ich mir und den Menschen abverlange, die mir heute begegnen.

Kann ich meine Tage im Voraus so planen und strukturieren, dass sie gut werden?

Welche Ergebnisse erwarte ich?

Welche Ergebnisse erwarten mich?

Der Besonnene antwortet:

Du stellst berechtigterweise zunächst eine Definitionsfrage.

Bevor du deine Tage zum guten Ergebnis bringen möchtest, solltest du festlegen, was du für „gut " hältst.

Geht es um ein gutes wirtschaftliches Ergebnis deines Tages?

Sind gute Tage für dich lustvolle Tage?

Verbindest du gut mit Güte und möchtest damit mit der bekannten Pfadfinderregel leben: „Jeden Tag eine gute Tat "?

Finde deine Antwort mit einer einfachen Zuordnungsaufgabe.

Schreibe das Wort „gut " auf ein Blatt Papier.

Notiere dann, was dir dazu einfällt, ohne lange zu überlegen, um das Wort „gut " herum auf deinen Zettel.

Du wirst spontan deine Antworten finden und sie im Tagesablauf möglicherweise auch realisieren können.

Vor allem aber wünsche dir selbst einen guten Tag.

Stichwort: Natürlich

Der Suchende fragt:

Um mich herum nehme ich blühendes, fruchtbares und wachsendes Leben wahr.

Dies ist am ehesten der Fall, wenn ich nicht mich selbst und die Menschen um mich herum in den Mittelpunkt meiner Aufmerksamkeit stelle.

Die Natur bringt scheinbar ohne konkrete Absicht und ohne jeden vorgegebenen Plan Sinnliches und Sinnvolles in Fülle und mit offensichtlich nicht endenden Zyklen hervor.

Wie kann ich es erreichen, natürlich zu leben?

Der Besonnene antwortet:

Wenn du gemäß deiner Natur leben möchtest, solltest du vorerst dein Selbstbild ändern.

Du sollst nicht Herr, sondern Teil der Natur werden.

Die Lebensprozesse werden dir ohne dein Zutun vorgegeben.

Sie sind jenseits deiner Vernunft übervernünftig vorprogrammiert.

Du kannst dich dem Leben in dir und außerhalb deiner selbst anvertrauen.

Es wird dir in der Regel freundlich, nicht feindlich begegnen.

Wenn du deine Tage im Einklang mit der Natur gestaltest, wirst du die verschwenderische Fülle erleben, die sich dir unabhängig von deinen Gesetzen öffnet.

Dies wird möglich sein, wenn du dich überlassen kannst, wenn du gleichmütig ohne Absicht dich annehmen wirst, wenn du das rechte Leben vor dir sehen wirst.

Stichwort: Zeichen

Der Suchende fragt:

Wie so oft, bin ich mir in meinen Alltagen wieder einmal selbst fragwürdig geworden.

Habe ich die richtigen Lebensentscheidungen getroffen?

Gestalte ich meine Tage so, dass eine imaginäre Bewertungsinstanz mir gute oder zunächst ausreichende Noten geben würde?

Wen muss ich mit meinem Handeln zufriedenstellen?

Mich selbst?

Andere?

Einen Gott?

Der Besonnene antwortet:

Du gehst den richtigen Weg, wenn du zunächst die für dich akzeptable Bewertungsinstanz suchst.

Wer darf deine Leistungen mit welchen Wertungskriterien messen?

Wenn du keine Schulnoten erwarten darfst, welche Zeichen nimmst du für dich an?

Begib dich auf die Suche nach Zustimmungszeichen.

Beachte z. B. dein Leben in den Jahreszeiten:

Sprieße, wachse und blühe wie die ersten Frühlingsblumen.

Wiege dich in den lauen Sommerwinden. Spüre die unermessliche Energie der Sonne.

Trage reife Früchte wie der Herbst. Und gestatte dir, diese zu ernten und zu genießen.

Erfahre die Ruhe des Winters. Erlaube dir, dich wie unter einer schützenden Schneedecke zu wärmen.

Suche und finde andere Zeichen, verstehe sie und vor allem: Gib selbst Lebenssignale und Lebenszeichen!

Stichwort: Deontologie (oder: meine Pflichten)

Der Suchende fragt:

Ich halte sehr viel von Regeln und Vorschriften.

Wie könnten wir miteinander ohne Streit leben, wenn es keine Gesetze gäbe?

Selbst detaillierte Vorschriften sind wichtig.

Ich muss wissen, wo ich mein Auto parken darf und wie ich mich bei welchem Amt und vor welcher Tür aufreihen soll, um meine Wünsche anzumelden.

Auch für mein ethisches Handeln sind mir Regeln wichtig.

Ich halte mich an die 10 Gebote, manchmal auch an die Regeln der sozialistischen Moral.

Trotzdem fehlt mir die letztendliche Handlungssicherheit.

Lebe ich moralisch gut?

Der Besonnene antwortet:

Du hältst dich an vorgegebene Regeln, unabhängig vom Ergebnis deines Handelns.

Du bist ein Pflichtmensch, der sich keines Vergehens schuldig machen möchte.

Du lebst nach fremdgesetzten Normen und Verhaltenserwartungen.

Was sind deine eigenen ethischen Prinzipien, außer denen, dass du dich an moralische Gesetze hältst?

Kannst und willst du die Ergebnisse deines Handelns erkennen?

Willst du gut sein, indem du gut und unauffällig funktionierst?

Oder wirst du ein guter Mensch, indem dein selbstbestimmtes Handeln Gutes zur Folge hat?

Denn deine Tage und dein Leben sind so gut wie die Resultate!

Stichwort: Weisheit(en)

Der Suchende fragt:

Es gab und gibt viele weise Menschen in unserer Zeit und in unserer Geschichte.

Mit Ehrfurcht betrachte ich ihre Denk- und Lebensweisen.

Sie verstehen und verstanden es, sich über Alltägliches hinwegzusetzen und ohne überheblich zu sein, sich selbst zu präsentieren.

Nicht selten waren und sind sie dabei auch anstößig im doppelten Wortsinn.

Sie such(t)en die zynisch-kritische Distanz zum Normalen.

Sie reg(t)en damit aber auch zu anderen Lebensformen an.

Wie kann es mir gelingen, weise zu werden?

Der Besonnene antwortet:

Mache dir zunächst eines klar: Der weise Mensch ist ein tätiger Mensch.

Er will nicht lediglich erkennen und wissen.

Daher trenne Erkenntnis, Wissen und Weisheit voneinander.

Die Hauptziel- und Lebensausrichtung des Weisen ist die erweckende Umsetzung des eigenen Wissens in ein gelingendes Leben.

Der Weise lebt mit einem entschiedenen Selbstanspruch.

Er verlangt keine Nachahmung, kann sie aber zulassen.

Wenn du ein weiser Mensch werden willst, übe die Praxis des „Um-sich-selbst-Wissenden " ein.

Sei wie der Vater deiner Kinder ein „Vorlebender ".

Stichwort: Besiegt

Der Suchende fragt:

Ich kann Niederlagen nicht gut verarbeiten.

Ich spüre ein Mischgefühl, gespeist aus Ärger, Wut, Scham und Trauer.

Ich will die Revanche, die erneute Chance zu gewinnen, noch einmal zum Kampf herausfordern und antreten.

Ist mein Selbstwertgefühl derart angreifbar, dass ich nicht verlieren kann?

Gehören nicht Siege UND Niederlagen zum Wechselspiel des Lebens?

Muss ich die anderen immer in die Konkurrenzrollen drängen und daran arbeiten, dass sie mir unterliegen?

Wie kann es mir gelingen, in der Niederlage die eigene Größe zu erfahren?

Der Besonnene antwortet:

Mache dir zunächst klar, wie du das Leben verstehen willst.

Deutest du es darwinistisch als stetigen Überlebenskampf, in seinem Ergebnis als Sieg des Starken über das Schwache?

Übernimmst du die christliche Symbolik: Die Größe wird in der Hingabe und Selbstaufgabe im Opfer deutlich?

Muss die Niederlage für dich Nachteile zur Folge haben?

Lernst du aus dieser Erfahrung?

Gibst du deinem Alltag eine andere Kontur, Farbe oder Betonung?

Letztlich: Willst du nicht auch die Stärke und Größe des Anderen anerkennen und Achtung zeigen?

Du darfst der Besiegte eines Mächtigeren sein, wenn du willst auch in der tief religiösen Erfahrung.

Stichwort: Genug ist genug

Der Suchende fragt:

Für den „Homo Oeconomicus ", den sich wirtschaftlich selbst begründenden Menschen, gibt es keine Erfolgsgrenzen.

Betreibt er seine Geschäfte gut, baut er sie aus und gründet Zweigbetriebe für seine gewinnbringenden Projekte.

„Die Räder der Maschinen müssen in Bewegung bleiben ".

Der wirtschaftliche Gewinn ist die Zustimmung Gottes für dein Tun, stellten die Pietisten fest.

Darf ich mich deshalb auf meinen Erfolgen nicht ausruhen, wenn mir mein Leben solche Ergebnisse meiner Tätigkeit gewährt?

Heute scheint mir nur das Erreichen des Rentenalters eine entsprechende Berechtigung zu geben.

Warum darf ich nicht selbst den Zeitpunkt feststellen: Genug ist genug?

Der Besonnene antwortet:

Auch wenn du eine der grundlegenden Ideologien unseres Gesellschafts- und Wirtschaftssystems infrage stellst, will ich dich in deinem Ansinnen und Bemühen stützen und stärken.

Welchen Sinn ergibt es, nur für den in wirtschaftlichen Größen messbaren Erfolg zu arbeiten, wenn er dich nicht zu deinem Lebenserfolg führt.

„Es reicht", lautet die Sinnaussage des bei sich angekommenen Menschen, auch wenn er irgendwann seine letzten Tage verbringt.

„Wem genug zu wenig ist, dem ist nichts genug", schlussfolgerte schon Epikur.

Du wirst deine Tage und letztlich dein Leben nicht beschließen können, wenn du nicht feststellen kannst und wirst: Es ist genug!

Stichwort: Verbundenheit

Der Suchende fragt:

Ich habe eine Zeitschrift aufgeschlagen.

Eine Produktwerbung stimmt mich nachdenklich.

Eine bayrische Automobilmarke wirbt mit einem Slogan um Käufer für ihre Autos.

Das Steuern und der Besitz eines der Nobelfahrzeuge schaffe „überlegene connectivity ".

Reden wir nicht über den sprachlichen Sinn oder Unsinn dieses modernen „Denglisch ".

Was aber heißt „überlegene connectivity "?

Besitze ich in einem solchen Fahrzeug einen besseren Zugang zur Welt, zu mir, zum Lebenssinn?

Stimmt etwas mit meiner „connectivity " nicht?

Muss ich mich von qualifizierten Therapeuten beraten lassen?

Der Besonnene antwortet:

Werbepsychologen gehen immer von den offen dargestellten oder von den verborgen gehaltenen Ansprüchen der Menschen aus.

Die Befriedigung dieser Bedürfnisse wird mehr oder minder geschickt oder auch plump mit dem Kauf und mit dem Besitz eines Produktes verknüpft.

Alle Menschen suchen eine erfüllende und auch in der Regel eine besondere Beziehung zur Welt.

Sie möchten ihre Lebenswünsche sinnvoll zugeordnet und beantwortet sehen.

Der Besitz eines besonderen Fahrzeuges scheint für viele Zeitgenossen auf diese Weise sinnbesetzt zu sein.

Die Werbepsychologen waren erfolgreich.

Du solltest „connectivity" anderswo und auf andere Weise suchen und damit deine (!) Überlegenheit erreichen.

Stichwort: Zufriedenheit garantiert

Der Suchende fragt:

Ich habe als Kind gerne die Geschichte vom Schlaraffenland gehört.

Ich darf faul auf der Wiese liegen und darauf warten, dass mir die gebratenen Hähnchen appetitlich zubereitet zufliegen.

Unzufriedenheit ist in dieser märchenhaften Lebenswelt nicht zugelassen.

Es gibt nichts auszusetzen.

Ich darf den gesamten Tag übernehmen und genießen, was ich möchte.

Wie schade, dass es diese Lebensumstände in meinem Alltag nicht gibt!

Wie kann ich trotz der scheinbar ernüchternden Realität und Normalität die Zufriedenheit der Schlaraffen erreichen?

Der Besonnene antwortet:

Zunächst erlaube mir, dir zu widersprechen.

Du lebst im Schlaraffenland!

Das Märchen deiner Kindheit musst du lediglich geringfügig umschreiben, damit du diese Wunschwelt findest.

Die gebratenen Hähnchen werden dir aber nicht in den Mund fliegen. Sie werden dir vom Lieferservice des nahegelegenen Grillrestaurants ins Haus gebracht.

Du darfst dich in jedem Supermarkt für geringes Geld umfangreich bedienen. Es wird dir in der Regel an nichts fehlen.

Die Arbeitsschutzgesetze garantieren dir mehr Stunden, faul herumzuliegen, als zu arbeiten.

Die Filmbranche liefert dir phantastische Erlebnisse in jeder Hinsicht.

Aber: Bist du trotz deines Schlaraffenland-Daseins zufrieden? Zufriedenheit kannst du dir nur selbst geben und nur selten garantieren.

Vielleicht wirst du dich aber zunächst einmal mit mehr Lebensappetit in deiner Welt umschauen.

Stichwort: Mehrwert inklusive

Der Suchende fragt:

Ich ärgere mich häufig über den allgegenwärtigen Verbraucherzuschlag des Staates: „zuzüglich 19 % Mehrwertsteuer ".

Dabei will ich den Begriff Zuschlag durchaus im doppelten Wortsinn verstehen.

Ich muss mir erklären lassen, dass allein durch die Arbeitsleistung der Verkäufer die Ware mehr Wert besitzt.

Der Wert an sich wird durch die Leistungen anderer Menschen gesteigert.

Das erscheint mir logisch zu sein.

Ich werde nachdenklich.

Was leiste ich für die anderen, wenn ich mit dem Verkauf der Ware „Ich " festlegen muss: „Mehrwertsteuer inklusive oder exklusive "?

Der Besonnene antwortet:

Willst du dir vorstellen, für wen du etwas wert bist?

Für welchen, in der Regel nicht monetären Preis bist du zu haben?

Verkaufst du dich unter Wert?

Schätzt du deine Qualitäten hoch oder niedrig ein?

Wie viel Prozent Aufschlag würdest du erwarten können, wenn nicht materielle Güter von dir angenommen und verarbeitet werden?

Was erwartest du als Gegenleistung für die Tätigkeit deines Geistes, für die Güte deines Herzens, für die von dir angebotene seelische Tiefe, für deine Bereitschaft, dich auf die anderen einzulassen?

Vielleicht wirst du lächelnd feststellen: „Mehrwertsteuer inklusive ".

Stichwort: Geschlossene Gesellschaft

Der Suchende fragt:

Kennst du diese Situation, ein Mischgefühl mit Anteilen von Enttäuschung und Wut?

Du stehst vor einem Gebäude aus dem dich laute Musik, Gelächter und andere akustische Signale sich vergnügender Menschen erreichen.

Du bittest um Einlass, wirst aber schon an der ersten Tür abgewiesen: Geschlossene Gesellschaft!

Ich muss feststellen, ich gehöre nicht dazu.

Ich erfahre mich ausgegrenzt, nicht wertgeschätzt.

„Was bildet sich dieser Mensch ein, zu uns gehören zu wollen? "

Soll ich zum Bittsteller werden und mich anpassen, um zugelassen zu werden?

Könnte ich auf diese Gesellschaft verzichten?

Der Besonnene antwortet:

Vielleicht solltest du nicht nur von deiner Enttäuschung und von deiner Wut sprechen, sondern auch die Situation vieler Menschen anderer Regionen dieser Erde betrachten.

Du verschließt ihnen wie selbstverständlich die Türen, grenzt sie wegen ihrer zufälligen örtlichen nationalen Zuordnung aus.

Sie gehören nicht zu uns, sollen sie sich mit sich selbst, mit ihrer Armut und mit ihrem Elend vergnügen.

Vielleicht fällt dir aber auch auf, dass die geschlossenen Gesellschaften genau genommen nicht einmal Glück versprechen.

Jean-Paul Sartre lässt in einem zeitkritischen Stück Menschen hinter verschlossenen Türen sich selbst und die im Luxus „Mitinhaftierten" emotional quälen und martern, so dass sie sich in der „Hölle der Anderen" vermuten.

Öffne deshalb deine Türen.

Lasse andere herein und erlaube dir andere Formen von Freiheit.

Stichwort: Gegenseitigkeit

Der Suchende fragt:

Im Traum habe ich ein Unternehmen gegründet, eine Art soziale Versicherungsgesellschaft.

Ich habe ihm den Namen gegeben „Immer auf Gegenseitigkeit ".

Ich bin irgendwie glücklich aufgewacht, voller Tatendrang.

Aber schon früh musste ich die Desillusionierung hinnehmen.

Mein Nachbar ging grußlos an mir vorbei.

Der avisierte Parkplatz wurde mir weggeschnappt.

Der Arbeitskollege warf mir hämisch grinsend einen von mir nicht korrekt bearbeiteten Auftrag auf den Schreibtisch.

Sollte ich meine im Traum aufgebaute Sozialidylle als nicht realisierbar aufgeben?

Wird es sich für mich lohnen, anders zu sein?

Der Besonnene antwortet:

Du sprichst von Sozialidyllen und wertest auf diese Weise dein Traumbild und deinen Traumappell schon sprachlich ab.

Stelle dir zunächst deine Gegenreaktionen auf die von dir geschilderten Negativerlebnisse vor.

Du wirst den Nachbarn freundlich grüßen und ihm einen schönen Tag wünschen, dem Parkplatzkämpfer freundlich zuwinken, deinem Arbeitskollegen einen Kaffee bringen.

Wirst du dir mit diesen kleinen Verhaltensänderungen Unterwürfigkeit vorwerfen müssen?

Vielleicht wirst du Türen aufstoßen, hinter denen diejenigen leben, die wie du Träume haben.

Die Realität besitzt keine Macht an sich, nur die Macht des Menschen, der sie akzeptiert und trägt.

Gründe dein Unternehmen, auch wenn es zurzeit nur einen Gesellschafter gibt.

Du wirst sehr schnell motivierte Mitarbeiter finden.

Entäußerung(en)

Stichwort: Handlungsmuster

Der Suchende fragt:

Wie kann ich Entspannung erreichen?

Kann ich den Weg des reinen Nichtstuns gehen?

Ist es überhaupt als Möglichkeit in unserem Handlungsspektrum vorgesehen, mein Tun komplett zu entleeren und jegliche Impulse in mir zu negieren?

Der Besonnene antwortet:

Unterscheide zunächst das Nichtstun vom Nicht-Tun.

Stelle fest, dass du immer und jeder Zeit ein reagierender und dich verhaltender Mensch bist, denn nur diese Grundreaktionen lassen dich leben.

Darum merke: Ein Nichts vernichtet.

Tun und Nicht-Tun können jedoch in einem fruchtbaren Gegensatz zueinander stehen.

Gibt dir daher immer einmal wieder Momente des Nichttuns auf und erlaube dir, diese Zeiträume zu genießen.

Das bloße Tun erstickt nicht selten dein Seelenleben.

Du musst nicht produktiv sein um Selbst zu sein!

Stichwort: Innere Dialoge

Der Suchende fragt:

Welche Arten und Formen der Zwiesprache kann ich in und mit mir selbst finden?

Wie gelingt es mir, einen Meinungs- und Stimmungsaustausch zwischen meiner Vernunft und meinen Gefühlen, zwischen den moralischen Ansprüchen meines Gewissens und den Forderungen meiner Triebe zu arrangieren und zu erreichen?

Brauche ich die innere Einigung oder eher den fruchtbaren, Veränderung fordernden Konflikt?

Der Besonnene antwortet:

Zunächst erlaube dir, deine innere Vielfalt der Impulse, Anforderungen und Richtungslenkungen wertzuschätzen.

Du bist wie alle anderen ein vielfach gesteuertes Wesen.

Dein „Ich" nährt sich aus deinen Trieb- und Ordnungskräften und erstarkt an seinen Konfliktregelungsaufgaben.

Suche dir selbst Dialogthemen und Dialogaufgaben:

Wenn der Verstand weiß und es dem Herzen nicht mitteilen kann, dann ···

Wenn das „Es" treibt und sich den Regeln nicht unterwerfen will, dann ···

Wenn die Seele ihre eigenen Ordnungssysteme fordert, dann ···

Suche daher den Dialog, den inneren Konflikt, weniger die Einigung!

Stichwort: Selbstbeherrschung

Der Suchende fragt:

Ich bewundere die Gleichmütigen, die sich in jeder Hinsicht über die Turbulenzen des Alltags zu erheben scheinen.

Sie wirken und leben wie Felsen in der Brandung.

Sie lassen sich wenig beeindrucken von der lärmenden, hetzenden Masse „Mensch " um sie herum.

Wie kann ich nur ein wenig Anteil finden an diesem Zustand?

Wie kann ich die Selbstbeherrschung erreichen, die mir den Weg dorthin ebnet?

Der Besonnene antwortet:

Mir scheint, du hast den falschen Weg zum Gleichmut gewählt und eingeschlagen.

Der Selbstbeherrschung haftet stets etwas Gewaltsames an.

Herrschaft setzt gewonnene Machtkämpfe voraus. Sie imponiert als etablierte und akzeptierte Macht.

Wenn du dich selbst beherrschen willst, brauchst du Untertanen und Beherrschtes in dir.

Der Gleichmütige aber benötigt kein Zepter und keinen Thron.

Er lebt mit dem Gegebenen und kann zulassen was ihm begegnet.

Er will nicht zum Sieger über sich und andere ernannt werden, denn er erreicht über seine Haltung seinen Gewinn.

Seine Herrschaft ist die des Bewunderten, ähnlich wie du ihn zu beneiden scheinst.

Suche die erste Stufe deines Weges zum Gleichmut über deine Haltung, die du körperlich, geistig, seelisch und sozial an- und einnehmen kannst.

Stichwort: Geisteszustände

Der Suchende fragt:

Nicht nur die von uns sogenannten „verrückten Menschen" erleben die Verwirrungen ihres Geistes und ihrer Seele.

Allzu häufig bemerke ich auch in mir diesen Zustand.

Ich weiß mich dann in keiner Weise zu ordnen, bin wehrlos mir selbst ausgeliefert.

Verhältnis und Verhalten bestimmen mich.

Ich verliere den emotionalen und rationalen Halt.

Wie kann ich mich neu verankern, um nicht immer wieder los- und mitgerissen zu werden und mich und die Welt nicht zu verlieren.

Der Besonnene antwortet:

Es gibt für dich eine Fülle von Möglichkeiten, deinen Verwirrungen zu begegnen.

Du siehst nicht die Wassertropfen, sondern nur die Fluten des Meeres.

Bediene dich z. B. der in den Lehren des Buddhismus beschriebenen vier grenzenlosen Geisteszustände:

Erlebe die LIEBE als innerste und äußerste emotionale und rationale Ordnungskraft.

Öffne dich dem MITGEFÜHL, erfahre die tausendfache Unterstützung der anderen und gib sie so oft wie möglich auch weiter.

Erfahre die MITFREUDE im und am Dasein, lache, singe und tanze; genieße aber auch die stille Freude.

Übe den GLEICHMUT, denn er schützt dich vor den Turbulenzen des Alltags und er sichert dich in vielfacher Hinsicht ab.

Stichwort: Atemlos

Der Suchende fragt:

Es gibt kaum etwas, was sicherer und mit größerer Regelmäßigkeit zu meinem Leben gehört wie mein Atem.

Mein Atem atmet mich ca. 16 Mal pro Minute und hochgerechnet allein 23.040 Mal pro Tag.

Meine Lebensatemzüge möchte ich gar nicht ausrechnen.

Warum versetze ich mich trotzdem selbst so häufig in Atemnot?

Ich hetze durch meine Tage, erlebe mich oft atemlos.

Welche irrige Wahrnehmung spiegelt mir mein Geist wider?

Der Besonnene antwortet:

Dein Atem verbindet dich und jede Zelle deines Körpers mit dem Kosmos.

Jede Baueinheit in dir benötigt Sauerstoff um arbeiten zu können. Dieser wird dir geschenkt; du schaffst ihn einatmend unermüdlich heran.

Ausatmend gibst du Ballast ab, der in der dich umgebenden Natur wieder dringend benötigt wird.

Spüre über deine Atmung den Weltatem.

Erlebe dich mit einer deiner wichtigsten lebenserhaltenden Funktionen, eingebunden in den umfassenden Lebensprozess.

Mache dir deutlich, wie lange dein dir zur Verfügung gestelltes individuelles Leben dauern darf, wenn du es an der möglichen Anzahl deiner Atemzüge misst.

Darum atme mindestens ein Mal an jedem deiner Tage bewusst!

Stichwort: Egomanie

Der Suchende fragt:

Manchmal entwickle ich Größenideen.

Ich stelle mir eine gloriose Zukunft vor:

Ich besitze Reichtümer; meine Zeitgenossen unterwerfen sich der Macht meiner Ideen und Taten.

Ich werde bewundert und verehrt.

Ich sonne mich in der Selbsterhöhung und schwelge in narzisstischen Hochgefühlen.

Die Realität will ich, wie ein Maniker, nicht respektieren, fürchte aber den unvermeidlichen Absturz in die Tiefen der Bedeutungslosigkeit.

Muss ich mir egomanische Phantasien verbieten?

Der Besonnene antwortet:

Alle großen Weltreligionen gestatten dir egomanische Selbstorientierungen.

Als Christ lebst du mit dem Heiligen Geist in dir, als Buddhist bist du selbst Buddha, als Moslem begleitet und bewertet Allah alle deine Taten.

Gestatte dir daher, auch wenn du nicht religiös leben willst, deine eigene Größenvorstellung.

Hüte dich aber davor, sie falsch auszurichten.

Suche und finde deine (!) erfüllenden Formen des Reichtums und der Macht.

Sowohl der materielle Reichtum, als auch die soziale Macht und Anerkennung sind vergänglich. Du wirst stets den Verlust und die Nichtung erwarten müssen.

Ein gesunder Narzissmus jedoch ist für dich überlebenswichtig.

Schwelge deshalb durchaus häufiger in und mit dir.

Du musst es nicht unbedingt vorzeigen.

Stichwort: Kopfmenschen

Der Suchende fragt:

Als Kind habe ich gerne gezeichnet.

Wo immer ein Bleistift und ein Blatt Papier zur Verfügung standen, habe ich „Kopffüßler" jeder Größe gemalt, Menschen ohne Körper, mit lachendem oder traurigem Mund und riesigen Füßen.

Heute wird mir klar, dass ich als Kind die Realität erfasste und darstellte.

Ich werde von meinem Kopf regiert.

Meinen Körper schalte ich aus meinem Bewusstsein allzu oft aus.

Wie kann es mir gelingen, bewusst als ganzer Mensch zu leben?

Der Besonnene antwortet:

Du trägst offensichtlich deinen Körper nur als zu versorgendes Objekt mit dir herum.

Du fütterst und bekleidest ihn wohl.

Er gehört aber viel zu wenig zu dir.

Beginne damit, achtsam mit dir umzugehen.

Mache dich selbst zum interessanten Beobachtungsobjekt - in jeder Hinsicht.

Beachte, wie du gehst und wie du stehst, wie du atmest und wie du pulsierst.

Nimm wahr, wie dein Körper dir Wut oder Anspannung präsentiert. Spüre aber auch, wie sich dein freudig erregter oder glücklicher Körper anfühlt.

Du wirst schnell merken: Nur ein achtsamer Mensch ist ein ganzer Mensch!

Stichwort: Behauptungen

Der Suchende fragt:

Autoritäten sprechen eine klare Sprache.

Sie müssen das, was sie fordern und anordnen, in der Regel nicht plausibel erläutern.

Ihre Begründungen lauten: „Weil ich es sage! " oder „Weil es so ist! "

Ich ertappe mich wiederholt dabei, dass ich ähnlich denke und handle.

Ich will nicht länger reflektieren und diskutieren.

Ich will Schlusspunkte setzen und mir und den anderen eine Basis für den Alltag schaffen: „Das muss jetzt endlich allen klar sein, oder?! "

Der Besonnene antwortet:

Du brauchst, da du die reine Instinktsteuerung deines Verhaltens aufgegeben hast, wie jeder Mensch Handlungsvorgaben.

Du willst dir nicht während des Treppensteigens jedes Mal erklären, warum du die Füße um wie viele Zentimeter hochheben wirst.

„Denn ⋯ das ist doch klar! "

Behandle aber Übertragungen der Alltagspraxis in deine Erkenntnisprozesse mit Vorsicht.

Nur in der menschlich konstruierten Logik wirst du immanente Wahrheiten finden und auch das nicht immer (ergibt 1+1 immer 2?).

Die Geisteswelt ist aus Behauptungen aufgebaut, die mehr oder weniger überzeugend vorgebracht und verbreitet werden.

Wage es durchaus, eigene Behauptungen zu äußern!

Stichwort: Alltagskünstler

Der Suchende fragt:

Welches Bild soll ich von mir selbst und von meiner Weltsicht malen?

Wäre ich ein Künstler, welche Materialien sollte ich wählen?

Benötigte ich eine große Leinwand, einen Bogen Papier, leichte Wasserfarben oder kräftig bunte Ölfarben?

Sollte ich fotografisch oder kühn abstrakt meine Phantasien umsetzen?

Wird mein Bild das zum Ausdruck bringen, was ich möchte und was mich ausmacht?

Der Besonnene antwortet:

Schon die römischen Denker der Stoa beschäftigten sich mit deinem Thema.

Sie stellten zunächst fest, dass es unmöglich ist, kein Bild von der Welt zu haben.

Du wirst also immer als imaginärer Maler oder Fotograf durch deinen Alltag gehen und dir dein Bild der Realität komponieren.

Du kannst in jeder Hinsicht entscheiden, was du wahrnehmen willst: die Idylle oder die Gefahr, das Schöne oder das Hässliche, die guten oder die schlechten Seiten deines Lebens und deines Alltags.

Wie der Künstler sein Kunstwerk eigensinnig gestaltet und nach seinen Vorstellungen entwirft und fertig stellt, so wirst du dein Selbst- und Erfolgsbild von dir malen.

Verstehe und betätige dich als gut beschäftigter Alltagskünstler!

Stichwort: Herein – Hinaus

Der Suchende fragt:

Manchmal überkommt mich ein Drang, ein eher überschwängliches Lebensgefühl.

Ich will mich dann bewegen und wie das kleine Hänschen in dem bekannten Kinderlied in die Welt hinausziehen.

Ich könnte dann fröhlich ein Leit-Lied pfeifen, eine Leit-Melodie summen.

Man gesamtes Streben gilt dem „Hinaus ".

Ich suche das Leben, will meinen engen Alltagskäfig mit seinem vorinstallierten Hamsterrädchen verlassen.

Die Welt lockt.

Es muss nicht die ferne, es darf auch die nahe Welt sein.

Darf ich mich diesem Lebensdrang hingeben?

Der Besonnene antwortet:

Das Leben, wie auch deine Existenz, ist unabdingbar durch den Drang begründet.

Du wurdest gezeugt und geboren, weil das Leben sich leben will.

Nicht selten will „Es " sich auch durch seine Triebe gesteuert ausleben.

Du erfährst dies positiv in deinem von dir beschriebenen überschwänglichen Lebensgefühl.

Lasse deinen Übermut zu.

Plane dann nicht nur das „Hinaus " - ziehen, rufe und führe es aus!

Wirf das Bedrängende heraus, hole das Befreiende hinein.

Rufe deinem Leben ein „Herein " zu und stimme mit ihm ein „Hinaus "-Lied an!

Stichwort: Lebenslust

Der Suchende fragt:

Was macht (mein) Leben aus?

Darf und soll ich mich und die vielfachen Lebensformen von der natürlichen Seite her begreifen?

Was steuert meine Lebensprozesse?

Konstruiere ich mit meinem Leben ein wackliges Gebäude auf unsicheren Fundamenten, das jedes Beben mittleren Ausmaßes einstürzen lassen wird?

Habe ich den geeigneten Architekten gewählt, wenn ich lediglich die vernünftige Planung betone?

Wo bringe ich die von mir so ersehnte Lebenslust unter?

Kann die Lust mein Selbstgebäude tragen?

Der Besonnene antwortet:

„Denn alle Lust will Ewigkeit, will tiefe, tiefe Ewigkeit ··· " (Friedrich Nietzsche).

Jedes Leben, ob menschlich, tierisch oder pflanzlich begründet und verankert, sucht Lust.

Du nimmst die Lust der Bewegung und die Lust der Entspannung wahr.

Du erfährst die Lust der Entfaltung und die der Entäußerung, die der Selbsthergabe und die der Selbstweitergabe.

Du lernst die Lust der Betrachtung und die der Koexistenz kennen.

Du spürst aber auch die Lust als drängendes Lebensverlangen in dir und über dich hinaus.

In der Lusterfahrung erkennst du einen Anteil des Unvergänglichen, den du für dich jedoch immer nur zeitlich eng begrenzt ergreifen und nicht festhalten kannst.

Die Lust präsentiert dir die Freude des Lebens an und über sich selbst.

Stichwort: Multidimensional

Der Suchende fragt:

Ein Zauberwörtchen der Gegenwart, das wir problemlos vielen Ergänzungen voransetzen können heißt „Multi ".

Wir sollen multidimensional leben, uns multimedial informieren, die multikulturelle Öffnung zulassen, multifunktional unsere Alltage einrichten und uns selbst ausrichten.

Vielfalt ist unhinterfragt wertvoll!

Auch unsere Tische sollen mit vielfältigen Genussangeboten gedeckt werden.

Freizeitplaner fordern Diversität, das heißt: Vielfalt, Vielfältigkeit, Vielseitigkeit ···

Wie soll ich mit diesen, für mich erdrückenden Anforderungen umgehen?

Muss ich mich wehren?

Der Besonnene antwortet:

Vor ca. 50 Jahren schrieb Herbert Marcuse seinen gesellschaftskritischen Bestseller „Der eindimensionale Mensch ".

Er beschrieb die alleinige Ausrichtung einer gesamten Generation auf den Konsum.

Heute erlebst du auf den ersten Blick die Gegenentwicklung.

Multidimensionalität ist gefordert.

Du sollst Enge und Einengungen jeglicher Art angehen und aufgeben.

Die große Gefahr, der du dich damit aussetzt, ist, dass du zum „Multitasker " wirst.

Du willst alles auf einmal, konzentrierst dich nicht mehr auf für dich wichtige Lebensaufgaben.

„Multi is beautiful! "

Beachte: Du könntest dich ähnlich wie in der Eindimensionalität des Konsums in der gebotenen Vielfalt des Lebens verlieren!

Stichwort: Upgrades

Der Suchende fragt:

Ich besitze, wie die meisten meiner Zeitgenossen, eines dieser modernen IT-Erzeugnisse, das mir eigenständige Denkleistungen weitestgehend abnehmen soll.

Will ich etwas wissen, öffne ich diverse Datenspeicher oder einfacher, ich befrage das Internet.

Ich bin immer umfassend informiert, in der Möglichkeit!

Die Fülle der zur Verfügung stehenden Nachrichten an mich kann ich nicht mehr überschauen.

Trotzdem soll ich immer aktuell bleiben.

Ich nutze alle angebotenen „Upgrades ", erweitere, modernisiere und erhöhe die Kapazitäten.

Wie kann mir auf diese Weise ein Upgrading meines Lebens gelingen? Wie kann ich mein Leben aufwerten, besser ausstatten, aufrüsten, hochstufen ···?

Der Besonnene antwortet:

Jede Forderung an dich, die lediglich mit modernen Schlagworten begründet und abgesichert wird, sollte dich kritisch stimmen.

Kannst und willst du technische Entwicklungen und Normen auf dein Leben übertragen?

Wenn du ein „Upgrading" brauchst, das dir erweiterte Lebensmöglichkeiten bietet, mache dir zunächst klar, was dir nicht reicht bzw. was dir nicht mehr ausreichend für deine Zwecke erscheint.

Willst du einen höheren Intensitätsgrad des Erlebens erreichen?

Suchst du eine höhere Selbstentfaltungsstufe?

Brauchst du eine höhere Selbstzufriedenheit?

Stelle dir Fragen, bevor du dich für Upgrades entscheidest.

Stichwort: Zeichensprache

Der Suchende fragt:

Der Fahrer des mir entgegenkommenden Autos zeigt mir den Mittelfinger. Der Nächste präsentiert nach dem gelungenen Überholmanöver die zum Buchstaben „V " gespreizten Finger.

Anderenorts erfahre ich ein zustimmendes Nicken, ein ablehnendes Kopfschütteln, einen fragenden Blick.

Ich habe verstanden.

Wir reden oft ohne Worte miteinander.

Doch werden wir damit auch von den Menschen außerhalb unseres Kulturkreises verstanden?

Die gespreizten 2. und 3. Finger sind für Chinesen ein Zahlzeichen, das wiegende Kopfschütteln bedeutet für Inder Zustimmung.

Wie kann ich zunächst nur die Zeichensprache der Menschen meiner Kultur verstehen, wenn sie über die Allgemeinsymbolik hinaus reicht?

Der Besonnene antwortet:

Verstehen bedeutet, dich in den Menschen hinein versetzen zu können, dem du begegnest.

Wenn er gerade in Gedanken versunken oder auch nur müde dir gegenüber sitzt, triffst du ihn ungerechtfertigt, wenn du feststellst, dass ihn wohl überhaupt nicht interessiert, was du gerade erzählst.

Schaut er dich fragend, liebevoll, kritisch, böse, verächtlich, gelangweilt an?

Du interpretierst auf der Basis deiner Erfahrungen und der jeweils zugeordneten Wahrnehmungen.

Wenn du dann entsprechend deiner Deutungen reagierst, weil du annimmst, Tatsachen festgestellt zu haben, hast du dir deine eigene Kommunikationsfalle erfolgreich gestellt.

Verbinde Sprachzeichen mit Worten.

Sprich und fordere zur gesprochenen Mitteilung auf!

Stichwort: Wortschatz

Der Suchende fragt:

Ausdrücke des Erstaunens lauten in unserem Sprachraum möglicherweise: „Mir fehlen die Worte " oder „Mir verschlägt es die Sprache ".

Dies muss ich manchmal selbst erleben.

Ich möchte ein Gefühl zum Ausdruck bringen oder ein Erlebnis beschreiben, aber ich finde die passenden Worte nicht.

Ich kann mich nicht zur Sprache bringen.

Ich frage mich dann, ob es überhaupt gelingen kann, mit unserem eher bescheidenen Wissensvorrat, das zu erfassen, was uns die uns begegnende Wirklichkeit liefert.

Bin ich der Sprache des Kosmos mächtig?

Kann ich ihn zunächst zumindest verstehen?

Der Besonnene antwortet:

Die Menschen einer bestimmten Region finden jeweils einen Sprach- und Wortschatz vor, mit dem sie sich verbal verständigen und ausdrücken können.

Schon die Sprache der Dichter, auch die der Fachdisziplinen, ist nicht mehr deine.

Manchmal bist du erstaunt, mit welcher Fülle von Eigenschaftsworten ein einziger Zustand beschreibbar ist, und nicht selten fällt es dir schwer, dies zu begreifen.

Worte sind phantastische Instrumente, die Welt geistig zu erschließen um sie mit deinen Gefühlen, deinem Begehren zu besetzen.

Probiere es selbst aus: Schreibe möglichst spontan alle Worte auf, die dir zu jeweils einem der folgenden Impulsbegriffe einfallen: Ich, du, Leben, Liebe, Gott ···

Lasse deine Worte deine Welt beschreiben und öffnen!

Ich – Wer ist das?

Stichwort: Ich-Selbst

Der Suchende fragt:

Mein Leben erscheint mir oft wie der Ausflug in einen Labyrinthgarten.

Ich irre umher und kann mich nicht für eine Richtung entscheiden.

Auf der Suche nach meinem Selbst erleide ich nur Misserfolge.

Ich suche und suche nach mir und erlebe nichts als Verwirrung und Leere.

Wohin soll ich mich wenden, um mich zu finden?

Der Besonnene antwortet:

Stelle dir dein Selbst in immer neuen Bildern vor und es wird sich aus vielen Sequenzen zu deinem(!) Gesamterlebnis zusammensetzen lassen.

Dein Selbst gleicht einem Tausend-Liter Fass, das, wann immer du willst, Mengen köstlichen Lebens aufnehmen kann.

Werde niemals satt, aus diesem Fass zu trinken.

Schaffe dir dadurch Raum und erlebe es, die Leere auszufüllen und mit „Möglichkeit " anzureichern, wann immer du dies möchtest.

Immer dann, wenn du nach (deinem) Leben durstig bleibst, (er)füllt sich dein Selbst!

Stichwort: Erleben

Der Suchende fragt:

Darf ich in meinen Alltagen Tiefenerfahrungen erwarten?

Wie sollte ich meine Lebensneugierde ausrichten, um mir, trotz der verordneten Routinen, Aha-Erlebnisse zu bescheren?

Wie kann ich aus scheinbar Unbedeutendem jeweils einen Spontan-Sinn entwickeln?

Der Besonnene antwortet:

Du kannst aus jeder Begegnung mit der Natur, mit den Menschen und mit dir selbst tiefe Bedeutungen ableiten.

Wirf einen Stein ins Wasser und beobachte wie er konzentrische Kreise auf die Wasseroberfläche zeichnet und immer weitere Dimensionen erreichen kann, letztendlich fast unmerklich und sanft.

Betrachte ein spielendes Kind, wie es sich, in sich und in seine Welt versunken, nicht durch Erwachsene stören lässt und sein erfüllendes Spiel mit kindlicher Wut verteidigen kann.

Bewundere die Schönheit einer Libelle, die Stärke eines Baumes, die Vehemenz eines Wasserfalls, die Ernsthaftigkeit der Narren ··· nimm die Welt mit allen Sinnen wahr.

Suche immer wieder die augenblickliche Erfahrung.

Wie schön, wenn du sie schlussfolgernd mit einem „Aha " kommentieren kannst!

Stichwort: Impulsivität

Der Suchende fragt:

Ich erlebe mich häufig in der Verzweiflung, nicht Herr über meine Gefühle zu sein.

Meine grundlose Trauer, meine frei gewordene Wut, meine infantile Freude und Albernheit reißen mich mit, so dass ich mich vor mir selbst schämen möchte.

Wie kann ich mein Gefühlsleben regulieren?

Muss ich mich als wehrloses Opfer meiner Impulsivität akzeptieren?

Kann ich Gegenkräfte mobilisieren, die mich ausbremsen?

Der Besonnene antwortet:

Zunächst solltest du dir selbst vertrauen und deine Gefühle nicht als „gegen dich gerichtet " verstehen.

Deute ihren Ausdruckswillen, denn Gefühle sprechen immer etwas an und niemals Unwahres.

Sie verlangen keine Begründung, denn sie kennen in der Regel kein „Warum ".

Sie sind in dem Moment da.

Sie haben ihre Berechtigung und ihr Anrecht.

Aber: Wenn du extreme Ausdrucksformen deiner Gefühle fürchtest und nicht zeigen möchtest, dann bediene dich deiner emotionalen Anteile der inneren Ruhe.

Überlasse dich den Ausgleichsströmen.

Lass Tränen zu, lächele, bewege dich, stelle dein abgeklärtes Wesen gegen den zu diesem Zeitpunkt nicht erwünschten Anteil deiner Impulsivität.

Stichwort: Gegenwart

Der Suchende fragt:

Ich erfahre mich häufig nicht gegenwärtig.

Frühe Erlebnisse tragen mich in die Kindheit zurück.

Ich werde sentimental und schwelge im Nostalgischen, das ich nicht ins Heute zerren kann.

Phantasien und Ideen katapultieren mich in die Zukunft.

Ich verliere den Halt und den Boden des „Jetzt" unter den Füßen.

Wie kann ich Zeit, Raum und Selbst besser im Aktuellen verankern und erleben?

Der Besonnene antwortet:

Überlasse dich soweit wie möglich dem Strom deines Lebens.

Er entspringt weit entfernt von der Stelle, an der du dich jetzt befindest und erlebst.

Seine Mündung in die Weiten der Meere ahnst, aber kennst du nicht.

Es bleibt dir unbenommen, dir sowohl den plätschernden Quell, als auch die unendliche Weite und Tiefe des Ozeans vorzustellen.

Real und erreichbar ist jedoch der Ort, an dem du im Augenblick in die Fluten eintauchen möchtest.

Du stellst dir den Genuss des kühlenden Wassers vor, seine unerschöpfliche Möglichkeit, deinen Durst zu stillen und das Gefühl von ihm getragen und bewegt zu werden.

Dich stört dann kein Vorher und kein Nachher, du lebst jetzt!

Stichwort: Ich und Du

Der Suchende fragt:

Als Kinder kannten wir alle den Abzählreim: „Ich und du, Müllers Kuh, Müllers Esel, das bist du ".

Wen es beim Abzählen traf, der wurde für ⋯ was auch immer ⋯ eingeteilt und beauftragt.

Heute gibt es andere Formen und Wege der Aufgabenverteilung.

Ich bemerke auch jetzt, dass ich den anderen suche und brauche.

Ein Leben in der Vereinzelung kann und will ich mir nicht vorstellen.

Aber welche Erwartungen darf ich haben?

Was darf ich von Menschen fordern, die ich „Du " nenne?

Der Besonnene antwortet:

Du wirst immer und überall auf andere angewiesen sein, wenn du nicht das Leben eines Autisten führen möchtest.

In der Zwiesprache teilst du dich mit.

Im „Sehen " und im „Gesehen-werden " gestaltest du dein Äußeres.

Im Sinn-Dialog suchst und findest du deine Wahrheiten und versuchst sie abzusichern.

In der Liebe verschenkst du dich. Du darfst auch den anderen als Geschenk annehmen.

Darum, entwickle eine Hochachtung gegenüber dem „Du "!

Wenn du willst, erfährst du im „Du " die Selbstbegegnung oder die Begegnung mit dem Absoluten.

Die am ehesten erreichbare Beziehung aber ist die einfache Ansprache: „Du, ich brauche dich, denn ICH BIN ICH und DU BIST DU! "

Stichwort: Veränderung

Der Suchende fragt:

Den Ort meiner Geburt und den Zeitraum meiner Lebenstage konnte ich nicht bestimmen.

Von Beginn meines Lebens an soll und muss ich annehmen, was mir vorgegeben ist.

Mein Lebenslauf stellt sich damit als ständiges Arrangement dar.

Gibt es mich überhaupt in der ersten Person?

Lebe ich nicht vielmehr im „Man " und im „Es "… lebe ich im „Uneigentlichen "?

Darf ich hoffen, dass sich die Rahmenbedingungen meines Lebens in der Gestalt verändern, dass „Ich " existieren kann?

Der Besonnene antwortet:

Du konstruierst ein falsches Selbstfundament.

Dein Selbst wird nicht von den Architekten deiner Lebensumstände geplant und gebaut.

Du selbst bist Bauherr und Baumeister zugleich.

Wenn dir Planung und Ausführung nicht gefallen, solltest Du (!) es ändern und nicht darauf warten, dass „Es " sich ändern muss.

Du solltest sogar noch einen Schritt weitergehen: Du musst die Planung und dich selbst ändern, denn es geht um das Fundament und das Konstrukt deines Lebens.

Ich ändere mich, fordert der tätige Mensch.

Wage und wolle die Wandlung!

Stichwort: Rausch

Der Suchende fragt:

Ich muss gestehen, dass ich viele Mittel und Wege probiert habe, mich in einen anderen Erlebniszustand zu bringen, immer in der Erwartung der außergewöhnlichen Wahrnehmung, Stimmung oder persönlichen Stärke.

Die Flucht in den Alkohol hatte ich mit dem Kater danach zu bezahlen.

Auf dem psychedelischen Weg über den Drogenkonsum verlor ich die Kontrolle und erlebte eher Ängste als Glücksempfindungen.

Gibt es andere Möglichkeiten der Rauscherfahrung?

Wo darf und kann ich sie suchen und begehen?

Der Besonnene antwortet:

Was willst du erreichen, wenn du den Lebensrausch suchst?

Willst du die Mühen des Alltags vergessen?

Dann deute das, womit du deine Alltage verbringst um, baue immer wieder Überraschungsmomente und neue Erfahrungsmöglichkeiten ein, verlasse die eingefahrenen Wege.

Willst du das Außergewöhnliche erfahren, dann suche es mit deinen Sinnen.

Berausche dich an den Farben und an den Tönen, die das Leben ständig neu komponiert.

Berausche dich, auch ohne Rauschmittel, an der allgegenwärtigen Freude und an den kostenlosen Geschenken des Kosmos.

Verlasse im Rausch deine eng gesetzten eigenen Grenzen.

Stichwort: Ich-Existenz

Der Suchende fragt:

Mir wurde gesagt, dass ich im Kleinkindalter nach den Gesetzen der Psychologen existenziell hätte erwachen sollen.

Im Babyalter hätte ich lediglich ein sogenanntes extrauterines Dasein, außerhalb des Mutterleibes verbracht, hilflos und von der Mutter abhängig.

Spätestens im dritten Lebensjahr hätte ich mich selbst entdecken und meiner Mutter meinen Trotz entgegenstellen müssen.

Ich hätte mein Ich und nicht meine Fremdbezeichnung herausstellen müssen.

Nicht: „Mein NAME will bzw. will nicht ", sondern „ICH will bzw. will nicht " … so lautet die Forderung des zum „Ich " erwachenden Kindes.

Habe ich den Start meiner Ich-Existenz verpasst?

Der Besonnene antwortet:

Es ist unwahrscheinlich, dass du den Startpunkt deiner(!) Existenz verpasst hast.

Du kannst über vielfältige Rückkoppelungen erfahren, dass es dich in der Persönlichkeit deines Daseins gibt.

Möglicherweise verpasst und vergibst du dir wichtige Erfahrungen.

Suche dir einen Raum, in dem du laut sein darfst und schreie dein „Ich " heraus, verbunden mit Vokabeln und Aufforderungen deiner Wahl.

Wehre dich auf diese Weise gegen nicht zugelassene Einengungen.

Übe mehrmals täglich Ich-Sätze ein.

Suche die Sprache der ersten Person.

Vermeide das „Man ", die Ausdrucksweise der dritten Person.

Stichwort: Traumhaft leben

Der Suchende fragt:

Wir wünschen uns Traumurlaube, Traumautos, Traumpartner und möglicherweise viele andere Lebensumstände, die wir mit dem Wort Traum verbinden dürfen.

Ich frage mich, wie ein solches traumhaftes Leben für mich aussehen könnte.

Wäre es verbunden mit möglichst vielen Elementen eines reichen Lebens?

Was bedeutet „reich " für mich?

Wäre mein Leben angereichert mit allem Wertvollen, wie immer ich es definieren wollte?

Oder wünsche ich mir einfach nur Erfahrungsreichtum und einen traumhaften Lebenstaumel?

Der Besonnene antwortet:

Du hast schon einen wichtigen Zugang zum traumhaften Leben gefunden.

Du suchst weniger die traumhafte Ausstattung deines Alltags, eher die Lebenswelt des träumenden Menschen.

Du möchtest deine Phantasien entfalten, dich in anderen Sphären aufgehen lassen und dich auf deine inneren Traumreisen begeben.

Erlebe daher deine Träume im engsten Wortsinne.

Lasse zu, dass dein Leben sich in dir entfaltet und bewahre deine Phantasien als traumhaften Reichtum für dich auf.

Dein Leben soll ein Traum werden!

Deine Träume signalisieren deine (noch) nicht gelebten Ansprüche!

Stichwort: Spiegelbilder

Der Suchende fragt:

In keiner Wohnung fehlen heute Spiegel.

Im Bad, vor dem Kleiderschrank, im Flur vor dem Verlassen der Wohnung wollen wir uns betrachten und bewerten.

Bin ich so, wie ich jetzt aussehe, vorzeigbar?

Kann ich mit diesem Gesicht, dieser Frisur, dieser Kleidung „unter die Leute " gehen?

Ich muss gestehen, ich will auch häufig mein Spiegelbild sehen, auch in Schaufensterscheiben oder auf glatten Wasseroberflächen.

Muss ich mich deshalb als selbstkritisch oder gar als selbstverliebt verurteilen?

Bin ich zu sehr auf mein äußeres Selbst bedacht?

Der Besonnene antwortet:

Du darfst dich, wie jeder Mensch, in Spiegeln betrachten.

Damit entdeckst du unterscheidend menschliche Wahrnehmungsmöglichkeiten.

Du kannst dir selbst Spiegelbilder projizieren.

Du kannst und darfst auch deine Vorzeigbarkeit zum Thema machen.

Du möchtest dich mit dir und deinem Äußeren wohlfühlen, vielleicht auch angeschaut werden.

Die Grenze der „Äußerung" erreichst du jedoch, wenn du die Vorführung und die Bühne brauchst.

Mache dir dann klar, dass es deine innere Schönheit und deinen inneren Wert gibt und beides für dich überlebenswichtig sein sollte.

Spiegele dich daher so oft wie möglich auch OHNE Spiegel!

Stichwort: Gesichter

Der Suchende fragt:

Selten schaue ich mir selbst ins Gesicht.

In der Regel wird es von anderen gesehen, weniger betrachtet.

Mein Gesicht erscheint den Menschen, denen ich begegne, wie die äußeren Bilder Tausender anderer, sofern es nicht bekannt oder zur ungewohnten Mimik verstellt ist.

Ich möchte neugieriger und interessierter für mich werden.

Ich weiß, dass die Ausdrucksweise meines Gesichtes meine Selbst- und Weltgefühle und meine Reaktionen auf Lebensmomente widerspiegeln.

Kann ich mein Gesicht intensiver wahrnehmen, auch ohne in den Spiegel schauen zu müssen?

Der Besonnene antwortet:

Deine Mimik stellt sich als Ergebnis einer inneren Steuerung dar.

Sie ist Ausdruck deiner Ängste oder deiner Freude, deines Erstaunens oder deiner Wut.

Botenstoffe in dir lassen die Pupillen im Erschrecken oder in der Anspannung weit oder eng werden.

Du wirst also immer auch mit deiner gesamten inneren Verfassung zum „Gesicht ".

Dein Gesichtsausdruck ist nie zufällig.

Er besitzt eine körperliche und auch eine seelische Logik.

Es ist dein Gesicht, nicht irgendein Gesicht, das du lediglich schön vorzeigen möchtest.

Fordere dich daher häufiger zur verbindenden Selbstbetrachtung auf.

Geprägt durch welchen inneren Zustand, mit welcher inneren Absicht, bist du in diesem Augenblick „Gesicht ".

Könnte es dir gelingen, ein „Nicht-Gesicht " zu präsentieren?

Stichwort: Wanderer

Der Suchende fragt:

Wie soll ich meinen Bewegungsdrang deuten?

Bin ich ein unsteter Mensch?

Finde ich keinen Standort und keine Standpunkte in meinem Leben, an und bei denen ich mir vorstellen könnte zu bleiben?

Soll ich meine Wünsche nach Veränderung als Unruhe deuten oder als Phänomen des immer geforderten Wandels?

Darf ich, wie viele unserer bedeutenden Forscher und Literaten, auch ein Wanderer in der Welt und zwischen den Kulturen sein?

Was muss ich gezwungenermaßen aufgeben, wenn ich mich nicht festlegen und nicht festschreiben will?

Der Besonnene antwortet:

Den Bewegungs- und Veränderungsdrang solltest du als äquivalent und als durchscheinenden Anspruch deines Lebens an dich begreifen.

Das Bewegungslose musst du als nahenden Tod befürchten.

Die Starre stellt eine Erscheinungsform des Toten dar.

Lebendiges braucht und sucht Bewegung, in der letzten Konsequenz im Überlebenssignal der Flucht.

Wenn du dich als Wanderer erfährst und selbst bestimmen willst, wirst du aber auch die wunderbaren Seiten des Lebens kennenlernen und nicht nur die gewohnten Tapeten deiner Eigenwelt betrachten wollen.

Wenn du hingegen die Rastlosigkeit des Wandernden spüren solltest, deute dies als Auftrag, auch das Bleiben einzuüben, soweit es nicht zur unverrückbaren Position pervertiert.

Stichwort: Baden im Glück

Der Suchende fragt:

Die Hersteller einer mit ätherischen Ölen angereicherten Flüssigseife prophezeien mir, dass ich im Glück baden werde.

Welcher Mensch möchte diese Lebenschance ausschlagen?

Vielleicht probiere ich es tatsächlich einmal aus.

Was kann ich erwarten?

Entspannung? Wärme? Sauberkeit?

Wenn ich, wie ich es fast erwarte, eher ernüchtert mein Bad beende, kann ich den Werbeslogan für mich anders umsetzen?

Auch ohne Badezusatz?

Wann und unter welchen Umständen darf ich mir vorstellen und hoffen im Glück zu baden?

Der Besonnene antwortet:

Die Werbetexter nutzten einen alten Traum der Menschheit, um ihr Produkt zu verkaufen.

Schon die alten Römer wollten unter Fortunas Glückshorn stehen, wenn diese es über den Menschen in zufälliger Auswahl ausschüttete.

Alte und Kranke wollten im Jungbrunnen baden, aus dem sie energetisch-jugendlich, statt verbraucht und schwach steigen wollten.

Das Bad im Glück sollte auch dir eine das Leben erschließende Metapher bieten.

Entdecke sowohl die vielfachen Möglichkeiten zu „baden" als auch die jeweiligen Dimensionen des Glücks.

Willst du im Erfolg baden?

Willst du in deinen Emotionen schwelgen?

Willst du ein Bad in der Menge der dich liebenden Menschen nehmen?

Fülle die Metapher für dich auf!

Stichwort: Körperkult

Der Suchende fragt:

Ich erfahre, dass es eine neue, moderne Berufsausbildung gibt, die für viele junge Menschen attraktiv zu sein scheint.

Sie wollen Körpermaler werden oder sich zumindest dieser Künstlerspezies als Lebensobjekte zur Verfügung stellen.

Tattoos sind „hip ", wie man heute zu sagen pflegt.

Ich betrachte mich wie andere als lebendes Kunstwerk.

Ich kann mich sehen lassen.

Jedoch muss ich gestehen, momentan bin ich nichts Weiteres, als eine lebende, weiße Körperleinwand.

Will ich mich und meinen Körper plakativ aufwerten?

Der Besonnene antwortet:

Offensichtlich sind Tattoos heute nicht mehr nur Erkennungszeichen für Seeleute und Inhaftierte.

Dem Körper wird ein Demonstrationsinteresse zugeordnet.

Ich zeige nicht nur den durch modische Kleidung bedeckten Körper, sondern auch die teilweise entblößte Kunstausstellung.

Es ist durchaus erstrebenswert, dem Körper eine mehr persönliche Bedeutung zu geben.

Wir kommen aus einer Zeit der Körpermissachtung und der Körpervernachlässigung.

Auch wenn du dich nicht den Nadelkünstlern zur Verfügung stellen möchtest, gib dem Körperanteil deines Selbst einen höheren Wert.

Du wirst dann sicherlich erfahren, dass du nicht nur einen Körper hast, sondern dass du immer auch dein Körper bist.

Achte auch dein „Körper-Selbst " und du wirst erfahren, wie du leiblich lebst.

Stichwort: Q. e. d.

Der Suchende fragt:

Mathematikschüler und natürlich die Lehrer kennen diese lateinische Abkürzung: Q. e. d. bzw. Quod erat demonstrandum, das heißt auf Deutsch: Was zu beweisen war.

Wir wollen „uns" beweisen und natürliche Gesetze finden und beweisen.

Wir wollen aufbauend auf Verhaltensstudien menschliche Reaktionen voraussagen und psychologische Muster nachweisen.

Ich frage mich, ob ich für diejenigen, die mein Verhalten erforschen, letztlich ein funktionierender Apparat bin.

Wenn jemand einen bestimmten Auslösereiz setzt, werde ich voraussagbar reagieren?

Bin ich Spielball eines beweisbaren Selbst-Systems?

Der Besonnene antwortet:

Menschen suchen Fakten, Allgemeingültiges, letztendliche Sicherheit.

Die Philosophen der christlichen Antike konstruierten Gottesbeweise.

Thomas von Aquin z. B. fand deren gleich fünf Wege zu Gott.

„Ist doch klar, dass Gott existiert, oder?"

Naturwissenschaftler suchen allgemeingültige Gesetze und reduzieren die Realität auf mathematische Formeln.

Soziologen und Psychologen ermitteln typische menschliche Verhaltens- und Handlungsmuster, die unter vergleichbaren Bedingungen der sozialen Umwelt regelmäßig erwartet werden können.

Du willst verständlicherweise in der Komplexität nicht auf ein beweisbares Handlungsgefüge reduziert werden.

Daher zeige und lebe deine Individualität.

Du bist und bleibst der Einzelne, q. e. d.

Nachwort(e)

„A" ··· wie Absichten:

Nachworte betonen in der Regel noch einmal die mit einem Text verfolgten Absichten. Du solltest dich von diesen Erwartungen lösen. Deine Absichten solltest du – nach deinen vielen Fragen, für die du als Antworten einige Denkanstöße erhalten hast – selbst entwickeln.

Stelle dir jetzt selbst einige Fragen:

Konntest du in mancher Hinsicht deine Sichtweisen der Dinge erweitern?

Gehst du mit einem veränderten Bewusstsein deinen Alltag an?

Wirst du gegebenenfalls den vielen Kleinigkeiten des dir Begegnenden mehr Wertschätzung entgegen bringen?

Hast du neue Kategorien finden können, um besser zu verstehen, zu denken und zu deuten?

Wirst du dein Handeln mit anderen Maßstäben bewerten?

Wirst du das Verhalten der anderen möglicherweise weniger kritisch-negativ beobachten, sondern eher Interesse für die jeweiligen Hintergründe und Motive entwickeln?

Wirst du mit deinen Gefühlen anders umgehen können und wollen?

Wirst du die dir gezeigten Emotionen besser verstehen?

„B" ··· wie Benutzen

Der Besonnene sollte dir Hinweise für dein Leben geben, weniger Anweisungen.

Wie von einer Ware, die du nach sorgfältiger Auswahl, vielleicht für viel Geld gekauft hast, solltest du von deinen erworbenen geistigen und emotionalen Fähigkeiten möglichst viel Nutzen erwarten.

Die Antworten sind dir zum gefälligen Gebrauch gegeben.

Du bestimmst selbst die Art und Weise der Umsetzung und die Zielrichtung des Nützlichen.

Gehe über die reine Betrachtung und die zustimmende Rezeption hinaus.

Vielleicht stellst du dir für einige der Themen selbst Aufträge, sofern du Antworten auf deine Fragen erhalten konntest.

Du verfasst spezielle To-do-Listen und überprüfst den Grad der Erfüllung deiner selbstgestellten Aufgaben in jeweiligen Tages- oder Wochenreflexionen.

Beachte: Du darfst in jeder Hinsicht einen Nutzen für dich verfolgen, ohne dir den Vorwurf machen zu müssen, ein Egoist zu sein.

Je mehr du an eigener Zufriedenheit erreichen kannst, desto eher wirst du sie weitergeben können und nicht in der „Splendid Isolation" leben.

„C" ··· wie Charakter

Scheue dich nicht, deine Ziele weit und hoch zu stecken.

Beziehe die Gestaltung deiner Persönlichkeit in deine veränderte Alltags- und Lebensplanung ein.

Vielleicht wirst du dir vornehmen, ein stabileres, rationales oder emotionales Fundament deines Selbst zu bauen.

Wie ein guter Architekt wirst du dann darauf achten, dass der Überbau sicher getragen werden kann.

Du wirst dich dann eher um die philosophischen Themen kümmern und intellektuelle Sicherheit suchen.

Vielleicht wirst du aber auch einen anderen Umgang mit dir selbst und mit deinem Alltag suchen und finden.

Du willst die hedonistische Lebensweise umsetzen und mehr Lust in dein Leben bringen.

Deine Freude zu existieren und mit jedem Erwachen, dich selbst und die Stunden deiner Tage als Geschenk annehmen zu können, dies wird dann die Erfahrung deines höchsten Glücks darstellen können.

Vielleicht wirst du deine Möglichkeiten, erfüllend zu leben, mit anderen Teilen wollen. Du darfst dann Utopien entwickeln und diese missionarisch vertreten.

Vor allem aber gestatte dir, deine Sichtweise des Lebens und des Alltags vorzuzeigen und setze auf diese Weise Signale des Aufbruchs.

„D" ··· wie Deuten

Du hast viele Fragen gestellt und hoffentlich auch bemerkt, dass du die ersten Anstöße vermittelt hast, um überlieferte und eventuell bisher geforderte Sichtweisen zu verändern.

Du hast feststellen können, dass es in keinerlei Hinsicht, zu keiner Zeit und an keinem Ort unumstößliche Erkenntnisse und Wahrheiten gibt.

Die Welt ist und bleibt eine zu Deutende.

Unsere Wahrnehmungen und auch die der anderen fordern uns immer auf zu interpretieren. Vermutungen und Hypothesen verdichten wir über den kommunikativen Austausch zu zeitlich und phänomenologisch begrenztem Wissen.

Du solltest gelernt haben, dass du immer dann, wenn dir Fragen und Hinterfragen versagt und untersagt werden, kritisch intervenieren, im Zweifel laut protestieren solltest.

Auf diese Weise wirst du Gefahren und Gefährdungen durch verordnete Ideologien frühzeitig erkennen.

Achte und wertschätze die eigenen Kompetenzen.

Wenn du dich nicht überschätzen willst und keine selbstherrliche Arroganz entwickeln möchtest, dann suche den regelmäßigen Austausch und deute die sogenannten „Fakten des Lebens" in der gemeinsamen Reflexion mit anderen Menschen.

„E" ⋯ wie Ergebnis

Kannst du selbst ein Fazit für dich ziehen?

Oder willst du hier schon das Erlernte umsetzen?

Solltest du eine Schlussfolgerung oder eine Schlussrechnung von dir fordern?

Oder willst du die Öffnung und Erweiterung deiner Sinnhorizonte, deine Unbestimmtheit und deine Möglichkeit als Konsequenz für dich festhalten?

Du könntest die Positionen und die Rollen tauschen.

Fordere die anderen auf zu fragen und zu hinterfragen, indem du sie, so wie Sokrates, über deine kritische Grundhaltung zu Fragen und Antworten herausforderst.

Setze dich auch mit den gegebenen Antworten auseinander.

Du hast immer und überall ein Widerspruchsrecht.

Wenn du willst, dann formuliere tatkräftig deine eigenen Antworten, und füge diese zusätzlich von dir geschriebenen Seiten, den jeweiligen Themen ergänzend zu.

Nimm dir vor, immer ein Werdender sein zu wollen, auf diesem Erfahrungsweg zu bleiben und nicht anzukommen.

Du wirst und bleibst mit dieser Entscheidung ein besonnener Mensch, der sein selbsttherapeutisches Leben führen kann.

Vielleicht wirst du auch in nicht allzu ferner Zeit ein weiser Mensch sein!

Über den Autor:

Walter Machtemes ist Arzt, Philosoph und Soziologe. Er hat langjährige Erfahrung in der klinischen und ambulanten Psychiatrie und Psychotherapie, in der Erwachsenenbildung sowie als Hochschullehrer.

Walter Machtemes ist Autor zahlreicher Bücher und wissenschaftlicher Veröffentlichungen.

Er leitet die Gezeiten Haus Tagesklinik für Psychosomatik und Traditionelle Chinesische Medizin in Oberhausen.

Sein Denken und sein Handeln sind geprägt durch viele Aufenthalte in asiatischen Ländern.

Seinen Arbeitsschwerpunkt findet er bei den suchenden Menschen, die sich selbst und ihre körperliche, seelische und soziale Sicherheit (vorübergehend) verloren haben. Er will mit den Menschen hinter die Fassaden des Alltags schauen, gemeinsam mit ihnen innere Konflikte lösen und helfen, innere und äußere Harmonien in unterschiedlicher Hinsicht wiederherzustellen.

Gezeiten Haus Ideologie

Die Gezeiten Haus Kliniken in Bonn, Wesseling und Oberhausen sind private, konzessionierte Krankenhäuser für Psychosomatische Medizin, Psychotherapie und Traditionelle Chinesische Medizin.

Für die Behandlung in den Gezeiten Haus Kliniken gilt das Leitmotiv „Das Passende tun ".

Orientierungsrichtungen sind die Leitwerte Achtsamkeit und Nachhaltigkeit, sowie die Zielsetzung, ein wesensnahes Leben zu erreichen, das sich aus Vertrauen, Freude und Sinn nährt. Dabei werden nicht selten unkonventionelle Wege zur Gesundheit gesucht, erkundet und beschritten.

Die Therapie dieses Hauses ist Begegnungsmedizin. Patienten und Therapeuten begegnen sich selbst, einander in der Therapiefamilie und in der Natur, sowie letztlich mit ihren Sinnen und in ihrem Sinn.

Die Gezeiten Haus Kliniken nutzen als Logo das Bild einer Welle, als Symbol der Dynamik und des Wandels der Lebenskräfte. Das Logo enthält das chinesische Schriftzeichen „ren ", das heißt auf Deutsch übersetzt: der Mensch.

Gezeiten Haus Medizin setzt an der Dynamik des Lebens an und zielt auf das Menschliche ab.

Sie fordert und fördert das Erwachen und den Sinneswandel.